Das Geburtstagsgeschenk

Kunde: »Ich nehme zwei Körnerbrötchen, bitte machen Sie schnell!«

Bäcker: »Was ist denn mit Ihnen los?«

Kunde: »Ich bin immer noch auf der Suche nach einem Geschenk für meine Frau, sie hat heute Geburtstag.«

Bäcker: »Wie wäre es mit 40 Mohnbrötchen?«

Kunde: »Sie spinnen. 40 Mohnbrötchen sind doch kein gutes Geschenk! Das ist komplett sinnlos.«

Bäcker: »Was haben Sie ihr denn letztes Jahr geschenkt?«

Kunde: »Also ... ähm ... ein Filzrentier, zwei silberne Seesterne mit Sinnsprüchen und eine Kerze aus Bienenwachs, wo eine Fee drauf abgebildet war.«

Bäcker: »Soll ich Ihnen die 40 Mohnbrötchen als Geschenk einpacken?«

Touché, würde ich sagen.

Der Kleine Prinz

Kunde: »Frohes Neues! Jedem Anfang wohnt doch ein Zauber inne, nicht wahr?!«

Bäcker: »Wer sind Sie denn – der Kleine Prinz?«

Kunde: »Hä, wieso das denn?«

Bäcker: »Na, weil Sie hier reinkommen, am sechsten Januar, als hätte Ihnen zur Jahreswende Saint-Exupéry persönlich das Hirn vernebelt.«

Kunde: »Oh, das ist tatsächlich mein Lieblingsautor. Aber das Zitat ist von Hesse!«

Bäcker: »Hesse, Brecht, Saint-Exupéry – Hauptsache, Italien.«

Kunde: »Das ist jetzt ein klassischer Andi Möller, oder? Egal, jedenfalls ist es doch auch so: Ein neues Jahr beginnt und man weiß noch nicht, was es wird. Ist das nicht spannend?«

Bäcker: »Ja! Ist ein bisschen wie mit meinem Brot: Ich kloppe das aus irgendwelchen Resten zusammen, stecke es in den Ofen und habe absolut keine Ahnung, was da am Ende rauskommt.«

Kunde: »In diesem Sinne – was empfehlen Sie mir? Sie kleiner Literat ...« *(Er kichert über die eigene Bemerkung.)*

Quichotte

Beim Lieblingsbäcker

Teilchen Zwei

»Der Einfall ersetzt nicht die Arbeit.«

MAX WEBER

»Zwei Croissants? Macht dreihundert Euro.«

DER LIEBLINGSBÄCKER

Erste Auflage 2024

Lektora GmbH
Schildern 17–19
33098 Paderborn
Tel.:05251 6886809
Fax:05251 6886815
www.lektora.de

Druck: OSDW Azymut
Coverdesign: Olivier Kleine
Lektorat: Lektora GmbH, Denise Bretz
Layout Inhalt: Olivier Kleine

Printed in Poland

ISBN: 978-3-95461-266-6

Inhalt

Vorwort

Wir schreiben das Jahr 2024. Und immer noch wird ganz Deutschland beherrscht von der sozialen Marktwirtschaft. An den Ladentheken der Republik krümmen sich fortwährend die figurativen Buckel der Verkaufenden, stets die Last kommunikativer Niederungen und Erniedrigungen schulternd, mit aufgesetztem Lächeln und einer Engelsgeduld jedwede Verfehlung der Kundschaft duldend, bloß um nicht in den Verruf zu geraten, dem Laden schlechte Presse zu bescheren.

Wobei ... ganz Deutschland?

Nein! Die vom unbeugsam-misanthropischen Lieblingsbäcker geführte Backstube am Rande Kölns trotzt nach wie vor den Gepflogenheiten des vom Kapitalismus diktierten, geheuchelten Verkaufsfrohsinns und leistet unerbittlichen Widerstand.

Im vom Mehlstaub überzogenen Arbeitsbereich dieses urigen Originals werden in ehrlicher Handarbeit die Teige geklöppelt und Saaten gemischt, werden Schmählieder auf Bäckereiketten geschmettert und jegliche Form der Systemgastronomie verfluchend im Steinbackofen authentische Laibe gegart, deren Krusten das Mark der Instantbäcker beim Abbiss erschüttern lassen.

Ja, wir befinden uns beim Lieblingsbäcker!

Das ist ebenjene Bäckerei, in welcher der Dialog mit der Kundschaft zum Quell der satirischen Erheiterung werden kann. Und dies ist natürlich der Grund, warum ich, Ihr Autor, dort nur allzu gerne meine Zeit verbringe. Stets Feder und Papier mit mir führend, um die besten Bonmots für die Nachwelt festzuhalten und bei ausreichender Anzahl zwischen zwei Buchdeckeln zu versammeln.

Folgen Sie mir also und treten Sie ein in diese heitere Welt des Schalkes. Doch seien Sie gewarnt: Legen Sie nicht jedes Wort auf die oft zitierte Goldwaage und nehmen Sie nicht jede Behauptung für bare Münze! Denn wenn eines sicher ist, dann, dass ein Gespräch mit dem Lieblingsbäcker stets eine jähe Wendung nehmen kann und mitunter gletscherartig ins Absurde abdriftet. Sofern Sie sich dieser Unwägbarkeiten gewahr sind, darf ich Sie nun also bitten, noch näher zu treten. Wir stehen schon direkt vor der Bäckerei. Warten Sie, ich halte Ihnen die Türe auf ... und ... wir sind drin. Psst! Setzen Sie sich am besten unauffällig an den Rand und ... Ah, da kommt der erste Kunde. Viel Spaß!

Bäcker: »In Anbetracht Ihrer literarischen Neigung würde ich tatsächlich die Schweizer Kruste hier nehmen.«

Kunde: »Warum, was hat die mit dem Kleinen Prinzen zu tun?«

Bäcker: »Na, die sieht aus wie ein kleiner Asteroid.«

Kunde: »Ach, Sie meinen, weil der Kleine Prinz auf einem lebt?«

Bäcker: »Genau, Sie Synapsenwunder. Nur auf meinem Asteroiden leben keine kleinen Prinzen. Höchstens ein paar Schmeißfliegen.«

Kunde: »Das ist ja eklig. Wieso denn Schmeißfliegen?«

Bäcker: »Ich sagte ja: Ich kloppe hier allerlei zusammen und gucke am Ende, was rauskommt. In diesem Fall muss ich wohl zu tief in die Biotonne gelangt haben.«

Kunde: »Das können Sie doch nicht machen!«

Bäcker: »Klar, einfach die Tonne aufmachen, dann reingreifen, ein bisschen rühren und zack – ab in den Teig damit.«

Kunde: »Sie führen mich an der Nase herum?«

Bäcker: »Nein, nein. Das ist mein Biobrot.«

Kunde: »Das gibt es doch nicht! Ich werde das der Gesundheitsbehörde melden.«

Bäcker: »Tun Sie das. Aber erst morgen, die haben noch zu.«

Kunde: »Woher wissen Sie das?«

Bäcker: »Na ja, ich habe öfter mit denen zu tun. Wegen des ganzen Drecks, den ich hier anrühre.«

Kunde: »Sie machen mich fertig! Da kommt man hier mit frohem Mut rein und dann sowas.«

Bäcker: »Sagen Sie doch ›frohen Mutes‹, das klingt idiomatischer.«

Kunde: »Was? Jetzt kommen Sie mir auch noch mit Grammatikstunden, ich glaube, es hackt! Sie wollen mich hier wohl komplett verarschen?«

Bäcker: »Klar, das mit dem Brot war ein Scherz.«

Kunde: »Na Gott sei Dank!«

Bäcker: »Aber das mit der Grammatik war ernst gemeint. Vielleicht nehmen Sie das als guten Vorsatz mit. In diesem Sinne: Frohes Neues!«

Die Midas-Lotterie

Kunde: »Eine Laugenstange, bitte.«

Bäcker: »Alles klar. Macht 62 Euro.«

Kunde: »Was? Das ist aber viel.«

Bäcker: »Ja, es ist aber auch eine sehr gute Laugenstange.«

Kunde: »Die muss schon wirklich sehr gut sein, wenn sie den Preis wert sein soll. Ach was, die muss innen aus Gold sein, wenn sie so viel kostet.«

Bäcker: »Sie sagen es.«

Kunde: »Wie, die ist aus Gold?«

Bäcker: »Ja. Wenn Sie Glück haben. Das ist ein Gewinnspiel. Ich habe heute morgen hundert Laugenstangen gemacht und eine hält innen einen kleinen, zylinderförmigen Goldbarren bereit.«

Kunde: »Das ist total bekloppt.« *(Er bricht die Laugenstange in der Mitte durch.)*

Kunde: »Da ist kein Gold drin.«

Bäcker: »Schade. Das tut mir sehr leid. Macht dann 62 Euro!«

Kunde: »Aber ... das ist Betrug!«

Bäcker: »Wieso, die Teilnahmebedingungen waren doch recht klar.«

Kunde: »Wer sagt mir, dass Sie mich nicht an der Nase herumführen?«

Bäcker: »Da müssen Sie die Kundin fragen, die hier vor zehn Minuten raus ist.«

Kunde: »Warum?«

Bäcker: »Sie hat die Goldstange erwischt.«

Kunde: »Dann konnte ich ja gar nicht mehr gewinnen!«

Bäcker: »Am Rubbellosstand ist der Hauptgewinn vielleicht auch schon weg, es werden aber trotzdem weiter Lose verkauft.«

Kunde: »Aber Sie haben ja mitbekommen, wie der Gewinn weggegangen ist.«

Bäcker: »Ja, die Frau hat sich auch richtig gefreut. Immerhin ist das Gold knapp einen Tausender wert. Echt eine tolle Sache.«

Kunde: »Sie sind ein Sadist! Verarschen können Sie jemand anders.«

Bäcker: »Na gut, dann versuche ich es später noch mal.«

Kunde: »Heißt das, Sie haben mich veräppelt?«

Bäcker: »Natürlich. Wäre doch komplett bescheuert, so ein Gewinnspiel.«

Kunde: »Ha! Ich dachte schon ... Sie sind ein Eumel. Jetzt bin ich aber erleichtert. Wie viel kriegen Sie denn jetzt für die Laugenstange?«

Bäcker: »62 Euro.«

Kunde: »Was soll das?«

Bäcker: »Ich habe es Ihnen vorher gesagt. Und Sie haben die Stange zerbrochen, also ...«

Kunde: »Das ist sowas von hinterlistig. Ich zeige Sie an!«

Bäcker: »Ist ja gut, ich mache Spaß. Die Laugenstange kostet 20 Cent.«

Kunde: »Oh Mann, Sie sind wirklich bekloppt. 20 Cent sind doch nun viel zu wenig!«

Bäcker: »Na ja. Die anderen Laugenstangen haben alle 200 Euro gekostet. Dafür war aber auch in jeder ein Goldbarren drin. Sie haben jetzt die einzige erwischt, in der nichts ist. Deswegen der niedrige Preis. Sozusagen zum Trost.«

Kunde: »Ich drehe hier gleich durch!«

Bäcker: »Also geben Sie mir einfach 20 Cent und wir sind quitt.«

Kunde: »Hier. Ich kann und ich will nicht mehr!«

Bäcker: »Nun beruhigen Sie sich mal. Ich mache natürlich nur Spaß.«

Kunde: »Und wieso zahle ich jetzt nur 20 Cent?«

Bäcker: »Dieses Schauspiel war mir die Differenz zum Normalpreis garantiert wert.«

Er ist doch ein Goldjunge.

Herzog Eloquenz

Kunde: »Ich sehe, Sie führen gar kein Eclair?«

Bäcker: »Wer sind Sie denn – Herzog Eloquenz, oder was?«

Kunde: »Wie meinen?«

Bäcker: »Na, weil Sie hier so rüberkommen wie meine Brötchen von vorgestern.«

Kunde: »Und wie sind Ihre Brötchen von vorgestern?«

Bäcker: »Altbacken.«

Kunde: »Sie belieben wohl, zu scherzen! Ich hätte jetzt gerne ein Eclair!«

Bäcker: »Okay. Ich eclair Ihnen jetzt mal was: Das ist Konditoreigedöns. Ich habe hier nur bodenständige Backwaren für den Nicht-Adel.«

Kunde: »Dann nehme ich ein Schwarzbrot, du Hempel.«

Bäcker: »Huch, wo kam das denn her?«

Kunde: »Ich bin standesmäßig spontan abgestiegen. Und jetzt her mit dem Bumms!«

»Wer prahlt mit Teig gekonnt in Foren?
Es sind meistens Konditoren.«

DER LIEBLINGSBÄCKER

Die Quarktasche

Kundin: *(telefoniert)* »Ja, genau … Ich habe … Nein, ich habe mich nicht noch mal mit ihm getroffen. Schatz, es … Ja, ich weiß, deswegen habe ich ja … Nein! Ich habe mich nur ein einziges Mal mit ihm getroffen!«

Bäcker: *(murmelt)* »Spannend, ein Ehestreit! Das ist ja mal was Neues.«

Kundin: »Wir sind nicht verheiratet … Nein, ich weiß, dass du das weißt, das ging an den Bäcker, der hat mir reingequatscht.«

Bäcker: »Was heißt denn ›reingequatscht‹?! Wenn Sie hier in meinem Laden Ihr Privatleben ausbreiten!«

Kundin: »Niemand hat Sie gebeten, daran teilzuhaben! … Nein, Schatz, natürlich siezen wir uns jetzt nicht deswegen. Das ging wieder an den Bäcker.«

Bäcker: *(murmelt wieder)* »Kann man das schon einen Dreier nennen?«

Kundin: »Was soll denn diese sexuelle Anspielung?«

Bäcker: »Nein, tut mir leid, das war nicht sexuell gemeint …«

Kundin: »Ich rede nicht mit Ihnen! Ich meinte meinen Freund!«

Bäcker: »Okay, die Gespräche beginnen langsam, miteinander zu verschmelzen. Wollen Sie denn auch was bestellen?«

Kundin: »Eine Quarktasche ...«

Bäcker: »Alles klar, kommt sofort.«

Kundin: »... bist du! Eine unfassbare Quarktasche!«

Bäcker: »Okay, das wird mir jetzt zu blöd.
WAS NEHMEN SIE?«

Kundin: »Ähm ... eine Quarktasche.«

Bäcker: »Ich dreh hier gleich durch.«

Kunst

Kunde: »Morgen! Ich hätte gerne drei Chiabrötchen.«

Bäcker: »Alles klar. Warten Sie kurz, ich schmeiße eben den 3D-Drucker an.«

Kunde: »Wie bitte?«

Bäcker: »Das ist die modernste Technik. Die Brötchen gelingen immer.«

Kunde: »Aber das geht doch nicht mit Teig, oder doch?«

Bäcker: »Das Chia wird verdichtet. Danach ist das so dicht wie mein Kumpel Helmut nach drei Zügen an der Bong.«

Kunde: »Was hat Ihr Kumpel Helmut damit zu tun?«

Bäcker: »Der verträgt nicht so viel.«

Kunde: »Ich bin etwas ratlos – Sie können doch nicht Ihre Brötchen drucken lassen? Das ist doch nicht essbar.«

Bäcker: »Aber die sehen top aus!«

Kunde: »Was habe ich dann davon?«

Bäcker: »Sieht aus wie ein Kunstwerk: ›Die drei Brötchen‹, das klingt doch schon nach Joseph Beuys. Kann man sich dann schön aufs Fensterbrett stellen.«

Kunde: »Ich will die aber essen!!!«

Bäcker: »Wie absurd. Das ist Kunst! Ich gehe ja auch nicht in den Louvre und sage: ›Geben Sie mir einen da Vinci – ich habe Kohldampf.‹«

Kunde: »Sie sind doch bekloppt – das kann nicht Ihr Ernst sein?«

Bäcker: »Natürlich nicht, das war ein Späßchen. Hier sind Ihre drei Chias.«

Kunde: »Danke. Oh Mann, Sie sind mir echt einer! Wie viel kriegen Sie denn?«

Bäcker: »Geben Sie mir 360 Euro.«

Kunde: »Was?! Sie haben einen Schatten!«

Bäcker: »Seien Sie froh, noch bin ich unbekannt. Und es ist ein Druck! Eine Handarbeit wäre gar nicht zu bezahlen.«

Kunde: »Aber Sie sind doch kein Künstler! Sie sind Bäcker!«

Bäcker: »Jesus war eigentlich auch Zimmermann. Und jetzt sehen Sie, was aus ihm geworden ist. Der ist aber mal sowas von prominent!«

Kunde: »Sie spinnen. Ich gehe jetzt.«

Bäcker: »Warten Sie doch! Ich scherze nur. Geben Sie mir einfach drei dreißig und lassen Sie es sich schmecken.«

Kunde: »Ich weiß jetzt gar nicht, wie ich reagieren soll. Hier ist das Geld. Ich hoffe, mit den Brötchen ist alles in Ordnung!«

Bäcker: »Na klar. Die sollten tipptopp sein. Ich habe eben die Druckerpatrone gewechselt.«

Kunde: »Ich werde wahnsinnig! Da will man nur mal kurz zum Bäcker und der ganze Tag ist versaut. Was habe ich bloß getan, dass ich solch ein Los bekomme?«

Bäcker: »Nein, Sie können da nichts für. Machen Sie sich keinen Druck!«

Kunde: »Hören Sie jetzt auf mit diesem Druckerkram. Ich will normale Brötchen!!!«

Bäcker: »Regen Sie sich ab. Ist alles normal. Keine Sorge.«

Kunde: »Echt?«

Bäcker: »Na klar.«

Kunde: »Ich glaube Ihnen irgendwie nicht.«

Bäcker: »Ich schwöre bei Gutenberg.«

Kunde: »Wer ist Gutenberg?«

Bäcker: »Wenn ich das jetzt erkläre, regen Sie sich nur wieder auf.«

Kunde: »Nun drucksen Sie doch nicht so herum!«

Bäcker: »Haben Sie gerade ›drucken‹ gesagt?«

Kunde: »Ich raste aus!«

Bäcker: »Ist ja gut. Ich höre jetzt auf.«

Kunde: »Versprochen?«

Bäcker: »Versprochen. Bei Gutenberg!«

Kunde: »Alles klar. Auf Wiedersehen!«

Bäcker: »Auf Wiedersehen. *(Flüsternd)* Tja, manchmal schützt fehlende Bildung auch einfach.«

Englischstunden

Kundin: »I become a bread.«

Bäcker: »Na denn, tun Sie sich keinen Zwang an.«

Kundin: »What do you mean?«

Bäcker: »Es wäre mir eine Ehre, diesem seltsamen Akt der Metamorphose beizuwohnen!«

Kundin: »What is so wrong bei becoming a bread?«

Bäcker: »Warum sprechen Sie Englisch, jeder merkt doch an Ihrem Akzent und den Fehlern, dass Sie Deutsche sind?!«

Kundin: »Ich dachte irgendwie, das wäre interkulturell.«

Bäcker: »Nee, leider gar nicht. So, was BEKOMMEN Sie denn jetzt?«

Kundin: »Na gut, dann nehme ich zwei von den Rosinenbrötchen.«

Bäcker: »Ach so, ja, ehm, das ist Naan-Teig und da sind eigentlich keine Rosinen drin. Das sind kleine Haschischbröckchen.«

Kundin: »Was?! Warum das denn?«

Bäcker: »Ich dachte irgendwie, das wäre interkulturell.«

Kundin: »Der war gut! Okay, ich nehme eins von Ihren Haschischbrötchen. Aber wehe, das knallt nicht!«

Bäcker: »Sie gefallen mir. Hier, macht 12 Euro.«

Kundin: »Finde ich angemessen.«

Bäcker: »Hä!? Das war natürlich nur ein Scherz!«

Kundin: »Ist mir egal, ich setze mich jetzt schön zu Hause hin, mache indische Musik an und werde mit Ihrem Brötchen high!«

Bäcker: »Aber das ist ein Rosinenbrötchen!«

Kundin: »Es kommt nur auf die Vorstellungskraft an.«

Bäcker: »So handhaben Sie das wohl auch mit Ihrem Englisch, was?«

Kundin: »That is fullcoming right.«

Bildungsauftrag

Kunde: »Guten Tag! Ich habe hier neulich ein Mehrkornbrot gekauft, das war großartig. Das hätte ich gerne wieder.«

Bäcker: »Das geht leider nicht.«

Kunde: »Wieso das denn?«

Bäcker: »Weil Sie das ja beim letzten Mal mitgenommen haben.«

Kunde: »Haha, Sie Witzbold. Dann nehme ich eben dasselbe, nur ein anderes.«

Bäcker: »Wie soll das denn gehen?! Sehen Sie: Dasselbe haben Sie ja, wie gesagt, beim letzten Mal mitgenommen und dasselbe kann nicht ein anderes sein. Ich könnte Ihnen ein gleiches anbieten.«

Kunde: »Ich bin verwirrt. Also ein gleiches gibt es, aber nicht dasselbe?«

Bäcker: »Klar. Aber seien Sie beruhigt: Den Unterschied kennen die wenigsten.«

Kunde: »Puh. Ist ganz schön schwierig, bei Ihnen was zu kaufen.«

Bäcker: »Das Kaufen geht meistens. Die korrekte Bestellung fällt vielen schwer!«

Kunde: »Sie sind ein Klugscheißer!«

Bäcker: »Jetzt werden Sie mal nicht frech hier! Ich leide jeden Tag Qualen ob der grammatikalischen Verfehlungen meiner Kundschaft.«

Kunde: »Wieso können Sie eigentlich diesen ganzen Grammatikkram?«

Bäcker: »Ich nehme mit meiner Bäckerei an einem Bundesprogramm zur Verbesserung der Bildung unserer Bevölkerung teil. Dazu wurde ich vom Lehrerverband geschult – sogar mehrsprachig.«

Kunde: »Quatsch!?«

Bäcker: »Haha, Sie hätten Ihr Gesicht sehen sollen. Natürlich nicht, ich mache nur Spaß. Also, Sie nehmen ein Mehrkornbrot, nehme ich an?«

Kunde: »Ähm, ja ... Jetzt haben Sie mich fast drangekriegt! Sie sind echt eine Ulknudel. Wissen Sie was, ich nehme zwei Mehrkornbrote und noch ein Croissant.«

Bäcker: »Alles klar. Macht zweimal drei zwanzig plus eins fünfzig. Also: 7,90 Euro. Und denken Sie immer dran: Punkt vor Strich!«

Kunde: »Es reicht jetzt!«

Bäcker: »He, she, it, das ›s‹ muss mit.«

Kunde: »Das Maß ist voll! Ich geh jetzt zu Kamps!«

Bäcker: »Zu Kamps am Wiener Platz?«

Kunde: »Äh ... ja.«

Bäcker: »Machen Sie das. Aber ich warne Sie, die Verkäuferin studiert Latein. Da gehen Sie komplett unter.«

Seltsame Verkaufsstrategie

Kunde: »Haben Sie auch Leberkäse?«

Bäcker: »Heiß ich Tönnies und mache Schweinereien?«

Kunde: »Oh, der war gut. Klar, Tönnies ... wegen Schweinefleisch und dem Skandal.«

Bäcker: »Was erwarten Sie jetzt – dass ich Sie für Ihre Blitzbirnigkeit lobe?«

Kunde: »Hihi, ›Blitzbirnigkeit‹ ist aber ein schönes Wort.«

Bäcker: »Verstehe ich das richtig – jetzt loben Sie mich für meine Blitzbirnigkeit?«

Kunde: »Haha, ja, so kann man es sehen.«

Bäcker: »Das wird mir zu blöd. Wollen Sie nun eine Teigware bestellen oder muss ich Ihnen den Weg zur nächsten Metzgerei erklären?«

Kunde: »Nein, nein. Ist schon gut. Was ist denn das hier vorne?«

Bäcker: »Ehm. Ein Frikadellenbrötchen.«

Kunde: »Wie, ich dachte Sie haben keine Fleischwaren?«

Bäcker: »Ja, das ist auch nicht zum Verkauf.«

Kunde: »Hä? Was ist das denn dann?«

Bäcker: »Das ist mein Privateigentum. Ich habe es mir eben aus der Metzgerei geholt.«

Kunde: »Und warum liegt das in der Auslage?«

Bäcker: »Ich will den Leuten zeigen, was ich NICHT habe. Es ist quasi Anschauungsmaterial, aber im negativen Sinne.«

Kunde: »Sie veräppeln mich.«

Bäcker: »Klar, wollen Sie das Frikadellenbrötchen haben?«

Kunde: »Gerne.«

Bäcker: »Dann gehen Sie die Straße runter, das letzte Haus auf der rechten Seite ist die Metzgerei. Nehmen Sie von mir ein normales Brötchen mit, denn unter uns: Die von denen sind zwar auch von mir, aber ich gebe denen immer die vom Vortag. Aber verraten Sie mich nicht.«

Der Fluthelfer

Kundin: »Ich habe eine Großbestellung zu machen.«

Bäcker: »Wer sind Sie denn, das THW?«

Kundin: »Ähm, ... nein. Ich leite ein Altenheim.«

Bäcker: »Na dann, schießen Sie mal los.«

Kundin: »Ich bräuchte 50 Körnerbrötchen.«

Bäcker: »Ha! Das ist doch keine Großbestellung!«

Kundin: »Ach, nein?«

Bäcker: »Ich habe mal 6 000 Kornknacker an die Stadt verscherbelt.«

Kundin: »Hui, wofür brauchten die so viele Brötchen?«

Bäcker: »Überschwemmung.«

Kundin: »Was?!«

Bäcker: »Na ja, hier war Hochwasser und denen sind die Sandsäcke ausgegangen.«

Kundin: »Das klingt total unglaubwürdig, was soll man denn dann mit Brötchen? Und warum ausgerechnet Körnerbrötchen?«

Bäcker: »Die Brötchen nehmen eben sehr viel Wasser auf und außerdem ging der Fischbestand immer weiter zurück und man dachte, dass die leckeren Körner neue Tiere anlocken würden. Zwei Fliegen mit einer Klappe sozusagen.«

Kundin: »Und, hat es geklappt?«

Bäcker: »Leider nicht. Nach dem Einfüllen in die Säcke ist allen klargeworden, dass die Körner nicht durch den Stoff passen.«

Kundin: »So ein Ärger!«

Bäcker: »Das stimmt. Außerdem sind die Säcke weggeschwommen.«

Kundin: »Sie veräppeln mich!?«

Bäcker: »Nein! Die sind dann in Düsseldorf am Ufer angespült worden und aufgegangen. Dann konnten die Körner natürlich raus und haben die Fische angelockt. Seitdem gibt's in Düsseldorf Delfine.«

Kundin: »Das ist doch Quatsch!?«

Bäcker: »Na klar, in Düsseldorf gibt's höchstens Kaulquappen. So, dann mache ich mal Ihre Fuhre fertig. Übrigens können Sie mit einer solchen Menge gut und gerne ein Dutzend Rentner trockenlegen.«

Kundin: »Hä?«

Bäcker: »Na, die Saugkraft der Brötchen ist ja unbestritten, für Sandsäcke sind sie bloß zu leicht. Aber wenn Ihnen mal die Windeln ausgehen, zerbröseln Sie einfach die Brötchen und basteln Sie damit eine feine Drainage.«

Kundin: »Sie sind bekloppt!«

Bäcker: »Aber wenn dann einer Oma oder einem Opa ein Delfin aus der Buxe springt, sagen Sie mir bitte Bescheid. Das will ich sehen!«

»Mehl muss auch ins Brot mit rein,
es könnte sonst zu flüssig sein.«

DER LIEBLINGSBÄCKER

Man versteht sich

Kunde: »Entschuldigung, könnte ich vielleicht eine Schrippe haben?«

Bäcker: »Eine Schrippe? Was soll das sein, Mischung aus Schrank und Krippe, oder was?«

Kunde: »Das ist ja frech!«

Bäcker: »Allerdings, Schränke und Krippen sind vollwertige Möbel! Sowas vermengt man nicht. Vor allem, wofür soll das gut sein? Stellen Sie sich mal einen Schrank vor, mit Anziehsachen, und dann liegt da gleichzeitig ein Baby drin und kackt einem die ganzen Klamotten voll. Das ist doch Unsinn!«

Kunde: »Nein, ich meine Ihre Ignoranz, die ist frech. Schrippen sind Brötchen. Ich komme aus Berlin.«

Bäcker: »Soso, Berlin. Na klar, hätte ich mir denken können, dass man da Schränke mit Krippen kreuzt. Ihr macht vor nichts Halt!«

Kunde: »Jetzt reicht es mir! Ich rufe gleich die Polente.«

Bäcker: »Hahaha, was soll das denn jetzt schon wieder? Polente, klingt wie eine Mischung aus ...«

Kunde: »Polizei!«

Bäcker: »Wo?«

Kunde: »Ich drehe hier gleich komplett durch. Scheiß Rheinland!«

Bäcker: »Is' doch jut! Sie sollten sich ma' ankieken. Auwacka, Atze! Janz schön rot anjeloofen biste.«

Kunde: »Das heißt, Sie haben mich die ganze Zeit verstanden?«

Bäcker: »Ja klar. So, hier ist Ihr Brötchen.«

Kunde: »Ich fass es nicht.«

Bäcker: »Das sollten Sie aber, sonst fällt's runter.«

Kunde: »Mann, woher können Sie Berlinern?«

Bäcker: »Ach, ist ein Hobby. Ostalgie sozusagen.«

Kunde: »Verrückt. Na gut, wie viel kriegen Sie denn?«

Bäcker: »12 Ostmark.«

Manchmal übertreibt er wirklich.

Bauchschmerzen

Kunde: »Haben Sie auch etwas Magenfreundliches?«

Bäcker: »Ich kann Ihnen ein Leitungswasser anbieten.«

Kunde: »Haha. Sie sind mir einer! Nein, ich meinte schon irgendeine Backware.«

Bäcker: »Ach so. Dann würde ich an Ihrer Stelle ein Puddingteilchen nehmen.«

Kunde: »Was ist daran magenfreundlich?«

Bäcker: »Der Pudding hat die Farbe von Kamille.«

Kunde: »Aber das IST doch keine Kamille – das ist pures Fett und die reinste Zuckerbombe.«

Bäcker: »Suggestion ist alles.«

Kunde: »Okay, dann nehme ich ein Puddingteilchen.«

Bäcker: »Hä?«

Kunde: »Ja, das ist für meine Schwiegermutter.«

Bäcker: »Und wer hat die Bauchschmerzen?«

Kunde: »Meine Schwiegermutter.«

Bäcker: »Aha … äh … Okay. Aber, wie Sie schon sagten, das Puddingteilchen ist Gift für einen gereizten Magen …«

Kunde: »Genau.«

Bäcker: »Aber wollten Sie nicht etwas Magenschonendes?«

Kunde: »Ich wollte das nur wissen, um es zu umgehen.«

Nur Sadisten hier.

Der Kürbis

Kunde: »Gibt es bei Ihnen eine Kundentoilette?«

Bäcker: »Nein, aber hinten im Hof ist ein Misthaufen. Da können Sie sich austoben.«

Kunde: »Ein Misthaufen?«

Bäcker: »Genau, ich züchte da die Kürbisse für unser Kürbisbrot.«

Kunde: »Ähm ... okay. Aber da kann ich doch nicht einfach ...«

Bäcker: »... draufkacken? Doch, das ist kein Problem.«

Kunde: »Da schäme ich mich aber.«

Bäcker: »Vor den Kürbissen? Das brauchen Sie nicht, die machen nichts. Die gucken nur.«

Kunde: »Pah, als ob die gucken könnten! Nein, aber da sind doch die Bürogebäude.«

Bäcker: »Ach so, ja, gut. Aber das sind Büroleute – etwas Abwechslung schadet denen nicht.«

Kunde: »Aber mir! Sie wollen mich wohl veräppeln!?«

Bäcker: »Na klar, kleiner Scherz am Rande. Da hinten ist die Kundentoilette.«

Kunde: »Haha, Sie sind ein schräger Vogel! Gut, dann gehe ich da mal hin.«

Bäcker: »Tun Sie das.«

Kunde *(hat gerade die Tür der Toilette geschlossen)*: »Aaaaaargh! Was zum Teufel macht der Kürbis hier? Der guckt mich an!«

Bäcker: »Hehehehehe, ich liebe es, wenn das passiert.«

Handwerker

Kunde: »Uff, endlich Ruhe! Wir haben die Trockenbauer im Haus.«

Bäcker: »Ah, das kenne ich. Überall Krach und Gipsstaub. Da freut man sich, wenn man mal eine kleine Auszeit kriegt.«

Kunde: »Genau.«

Bäcker: »Kann ich Ihnen meine Hellen empfehlen?«

Kunde: »Ähm ... Warum nicht? Was ist denn so gut daran?«

Bäcker: »Die können Sie den Handwerkern mitbringen.«

Kunde: »Also ... wollen Sie die dann noch belegen, oder was?«

Bäcker: »Nein! Die mögen die am liebsten so.«

Kunde: »Hä?! Die Handwerker essen die trockenen Brötchen?«

Bäcker: »Nein, die sind super, wenn denen mal der Spachtel ausgeht. Die Brötchen werden einfach kleingerieben und dann kann man die Masse mit Wasser anrühren. Hält wie 'ne Eins!«

Kunde: »Okay ... Das, das habe ich ehrlich gesagt noch nie gehört.«

Bäcker: »Die meisten Bäcker haben es auch nicht drauf. Aber hier gibt es nur erstklassigen Stoff.«

Kunde: »Aber die Brötchen kann man doch nicht essen, wenn sie gleichzeitig auch als Spachtelmasse herhalten können!?«

Bäcker: »Das ist wahr. Deshalb beliefere ich auch nur Handwerksbetriebe.«

Kunde: »Klingt ziemlich unglaubwürdig.«

Bäcker: »Sehen Sie hier ›normale‹ Kundschaft in der Bäckerei?«

Kunde: »Ich bin doch hier der einzige Kunde momentan!«

Bäcker: »Na also, ausschließlich Kundschaft mit ›handwerklichem Hintergrund‹.«

Kunde: »Sie veräppeln mich?!«

Bäcker: »Ja, klar. Ist nur Quatsch. So, was hätten Sie denn gern?«

Kunde: »Puh, Sie sind ja ein Scherzkeks. Na gut, dann nehme ich zwei von den Quarkbällchen.«

Bäcker: »Gute Wahl. Kommen die Fliesenleger noch?«

Kunde: »Ähm, nein ...?«

Bäcker: »Wenn Sie die Quarkbällchen in etwas Wasser auflösen, ist das ein super Silikonersatz.«

Kunde: »Sie machen mich verrückt.«

Bäcker: »War natürlich nur Spaß. Hier sind die Quarkbällchen. Macht dann 8 Euro.«

Kunde: »Okay, hier. Puh, 8 Euro ist aber eigentlich ein bisschen teuer!«

Bäcker: »Na ja, es ist halt Baumaterial.«

»Wenn dir ein Engpass auf dem Bau droht,
dämm das Dach mit meinem Graubrot.«

DER LIEBLINGSBÄCKER

Dirtytalk am Brotregal

Kunde: »Haben Sie Eier?«

Bäcker: »Ist das 'ne Mutprobe oder ein Fetisch?«

Kunde: »Hä? Wir haben Ostern. Ich meine bunte Eier!«

Bäcker: »Ja, ich habe bunte Eier. Meine Frau hat eine seltsame Neigung, bei der sie gerne Pastellfarben benutzt.«

Kunde: »Ich verbitte mir diese sexuelle Konnotation.«

Bäcker: »Ist ja gut. Den konnte ich nicht liegen lassen.«

Kunde: »Na gut. Ich muss zugeben, die Vorstellung ist aber auch lustig.«

Bäcker: »Sehen Sie. Also, was möchten Sie denn nun? Eier habe ich keine zum Verkauf. Wenn Sie verstehen, was ich meine.«

Kunde: »Hihihihi. Ja, ich verstehe. Das ist so lustig … Also, ich nehme dann 19 Laugenbrötchen und den großen Zopf da vorne.«

Bäcker: »Hui, das ist aber mal eine Bestellung. Und dann wollen Sie noch Eier?«

Kunde: »Hihihihi. Hören Sie auf jetzt, ich muss die ganze Zeit an die Pastellfarben denken. Ach nee ... Sie machen mich fertig. Ja, ich brauche so viel, weil ich die Familie im Haus habe.«

Bäcker: »Und die stehen anscheinend auf Eier?!«

Kunde: »Hahahahahahaha, ich brech zusammen.«

Bäcker: »Jetzt ist aber gut. Das ist doch albern. Ist doch schön, wenn die ganze Familie kommt!«

Kunde: »Hahahahahaha! Sie Ferkel!«

Bäcker: »Nein, das meinte ich jetzt gar nicht versaut!«

Kunde: »Ich stelle mir gerade meine Großtante Irmgard vor ... bei der weiß man nie. Die ist tatsächlich ein bisschen seltsam.«

Bäcker: »Ja, gut ... dann würde ich doch vorschlagen, Sie besorgen sich auf jeden Fall noch Pastellfarben.«

Eskalative Dialektik

Kunde: »Ich hätte Bock auf ein Rosinenweckchen.«

Bäcker: »Ha! Wissen Sie, worauf ich alles Bock habe?! Auf ein Hovercraft und zwei Alpakas.«

Kunde: »Das ist aber eine seltsame Kombi.«

Bäcker: »Genau wie ›Bock‹ und ›Rosinenweckchen‹. Habe ich noch nie vorher in einem Satz gehört.«

Kunde: »Wie würden Sie es denn ausdrücken?«

Bäcker: »Mich deucht, es gelüstet mich nach einem Weichgebäck mit Trockentrauben.«

Kunde: »Das ist ja der Wahnsinn. Wie eloquent!«

Bäcker: »Sehen Sie, klingt gleich viel besser.«

Kunde: »Würden Sie denn dann auch sagen: ›Mich deucht, es gelüstet mich nach einem Hovercraft und zwei Alpakas?‹«

Bäcker: »Nein. Ein Satz, in welchem Alpakas vorkommen, ist schon vornehm genug!«

Kunde: »Aha. Sie scheinen ja viel von diesen Tieren zu halten.«

Bäcker: »Unterstehen Sie sich, diese Wesen erhabener Schöpferkunst als ›Tiere‹ zu bezeichnen! Kanalratten sind Tiere oder Hamster. Aber doch nicht dieses vortreffliche peruanische Kleinkamel!«

Kunde: »Sie sind bekloppt.«

Bäcker: »Wieso, weil ich Kamele mag? Sie Rassist!«

Kunde: »Hä? Moment mal ...«

Bäcker: »... da bezeichnen Sie wirklich Alpakas als Tiere und hassen Kamele!«

Kunde: »Ich habe nie gesagt, dass ich Kamele hasse. Ich wollte nur ein Rosinenweckchen.«

Bäcker: »So fängt es immer an. Da hat einer ›Bock‹ auf Rosinenweckchen und dann ... zack – Weltkrieg!«

Kunde: »Äh ... was?! Ich gehe jetzt zu Kamps.«

Bäcker: »Beruhigen Sie sich, ich mache nur Spaß. Also, Sie möchten ein Rosinenweckchen?«

Kunde: »Ja ... bitte.«

Bäcker: »Hier.«

Kunde: »Ähm … danke. Was kriegen Sie?«

Bäcker: »Ein Hovercraft und zwei Alpakas.«

Er ist ein Meister der Dialektik.

Hartes Brot

Kunde: »Ich brauche etwas ohne Gluten!«

Bäcker: »Wie wäre es mit einem Pappteller?«

Kunde: »Haha, sehr witzig. Nein, ehrlich, ich kann Gluten nicht vertragen. Haben Sie glutenfreie Brötchen?«

Bäcker: »Ja, aber die könnten ein bisschen härter sein.«

Kunde: »Das macht nichts. Die glutenfreien sind oft ein bisschen fester.«

Bäcker: »Gut, dann hier.«

Kunde: »Die sind ja knüppelhart!«

Bäcker: »Ja, das ist kein Wunder. Die sind von letztem Juni.«

Kunde: »Das ist ja über ein Jahr her?«

Bäcker: »Oh, ja. Wie die Zeit vergeht! Dafür sind sie aber noch top in Schuss.«

Kunde: »Warum haben Sie die denn überhaupt noch?«

Bäcker: »Das war eine Großbestellung glutenfreier Brötchen und es blieben die drei hier übrig. Und ich dachte ... die kann ich vielleicht nochmal brauchen.«

Kunde: »Aber die sind doch nicht mehr gut. Die schmecken doch jetzt wahrscheinlich wie ...«

Bäcker: »... wie sehr harte Pappteller?«

Kunde: »Vermutlich.«

Bäcker: »Tja, was soll ich machen?! Ich habe es Ihnen gleich gesagt.«

Trockenzeit

Kundin: »Ich hasse ja dieses Wetter in Deutschland!«

Bäcker: »Sie meinen dieses gemäßigte Klima, ohne Wüsten, mit recht üppiger Vegetation, akzeptablen Niederschlägen und im Vergleich noch absolut akzeptablen Temperaturen?«

Kundin: »Was wollen Sie damit sagen?«

Bäcker: »Dass Sie zufrieden sein sollten!«

Kundin: »Oh, der feine Herr Bäcker fährt heute die Moralschiene, was?«

Bäcker: »Ein kluger Mann hat mal gesagt: ›Lieber Moralschiene als Abstellgleis‹.«

Kundin: »Lassen Sie mich raten … dieser kluge Mann sind Sie selber, stimmt's?«

Bäcker: »Exakt. So, was nehmen Sie denn?«

Kundin: »Was können Sie mir denn empfehlen?«

Bäcker: »Nehmen Sie das Sechskorn hier vorne, das wirkt Ihrer Regenaversion entgegen.«

Kundin: »Wie das?«

Bäcker: »Weil es mir viel zu trocken geraten ist. War zu lange im Ofen und ich hab es mit dem Mehl übertrieben.«

Kundin: »Sie drehen mir hier also ein staubtrockenes Brot an?«

Bäcker: »Genau. Transportieren Sie es einfach ohne Tüte – wenn Sie dann zu Hause sind, sollte es weich sein.«

Er weiß einfach mit Problemen umzugehen.

Politik

Kunde: »Ich raste aus. Die Politik macht mich wahnsinnig. Kriegt da eigentlich irgendwer etwas gebacken?«

Bäcker: »Selbstverständlich. Politik und Backwaren stehen in jahrzehntelanger Verwandtschaft.«

Kunde: »Wie meinen Sie das?«

Bäcker: »Na sehen Sie sich doch die Kandidaten für die letzte Bundestagswahl aus dem Lager der CDU/CSU an, die stammen alle von Broten ab.«

Kunde: »Sie spinnen doch! Wie soll das aussehen?«

Bäcker: »Na hier, der Merz – ganz klar altes Weißbrot von vorgestern: harte Schale, nationalistischer Kern und irgendwie ungenießbar.«

Kunde: »Und was ist zum Beispiel mit dem ... Laschet?«

Bäcker: »Na ja, der ist ein Milchbrötchen. Relativ weich, okay für zwischendurch – hat kaum Feinde. Aber satt wirst du davon nicht.«

Kunde: »Und der andere von der CDU, hier ... dieser ...«

Bäcker: »... Röttgen meinen Sie. Der ist das Buchweizen-Chia-Guarkernbrot.«

Kunde: »Kenne ich nicht.«

Bäcker: »Sehen Sie!«

Kunde: »Und der Söder?«

Bäcker: »Tja, der ist einfach ein Schweinebraten.«

Er ist und bleibt doch ein Polit-Profi.

Dubiose Lieferungen

Postbote: »Hallo. Können Sie ein Paket für den Nachbarn annehmen?«

Bäcker: »Ich bin eine Backstation. Keine Packstation.«

Postbote: »Hehe, der war gut. Ja, ich weiß. Aber das Paket ist echt groß.«

Bäcker: »Das ist für mich eher ein Argument, es erst recht nicht anzunehmen. Was sollen die Leute von mir denken, wenn hier ein riesiger Pakettrümmer in der Bäckerei rumsteht?!«

Postbote: »Die werden dann vermutlich denken, dass Sie ein freundlicher Mensch sind, der seinen Mitmenschen hilft.«

Bäcker: »Genau. Und das wäre fatal!«

Postbote: »Irgendwie gefallen Sie mir. Sie sind wenigstens ehrlich. Dann nehme ich den Trümmer jetzt mit zur Poststelle. Soll der doch sehen, wie er an seinen Krempel kommt.«

Bäcker: »Welcher Nachbar ist es denn?«

Postbote: »Ein Herr Schuhmacher.«

Bäcker: »Ach der, den kenne ich. Das ist ein Student. Wissen Sie was – geben Sie her.«

Postbote: »Wie, jetzt also doch?«

Bäcker: »Ja, der bestellt immer Drogen im Darknet. Die kommen dann in Möbeln versteckt mit der Post.«

Postbote: »WAS!? Und das wollen Sie annehmen?«

Bäcker: »Klar, die kann ich gut zum Backen gebrauchen.«

Postbote: »Die Möbel?«

Bäcker: »Was? Nein! Die Drogen.«

Postbote: »Aber das ist doch bestimmt verboten!?«

Bäcker: »Drogen auszuliefern ist auch verboten. Also halten Sie ja die Klappe! Wir stecken unter einer Decke.«

Postbote: »Oh Mann, wenn ich das gewusst hätte ...«

Bäcker: »... dann wären Sie nicht so sorglos, was?«

Postbote: »Nein, dann hätte ich mir das Zeug selbst reingezogen! Wissen Sie, wie viele Möbel ich dem schon gebracht habe? Und immer bis in den vierten Stock.«

Bäcker: »Ich habe Sie veräppelt!«

Postbote: »Wie, das sind gar keine Möbel? Worin werden die Drogen dann verschickt?«

Bäcker: »Sie sind aber auch nicht der längste Pfeil im Köcher, was? Natürlich sind das Möbel. Da sind nur keine Drogen drin. Der ist einfach neu hier eingezogen und bestellt sich die Inneneinrichtung.«

Postbote: »Puh! Na. Sie sind ein Spaßvogel. Also nehmen Sie jetzt das Paket an?«

Bäcker: »Lassen Sie mal sehen ... Ah ja, sieht von der Form nach einem Tisch aus. Kann ich gebrauchen. Nehme ich.«

Postbote: »Aber das ist für den Studenten!«

Bäcker: »Der kann in die Uni gehen. Da sind genug Tische.«

»Sind nächtens auf die Augen lange,
dann rauch mal eine Laugenstange.«

DER LIEBLINGSBÄCKER

Die Begrüßung

Kunde: »Ich grüße Sie! Hallo, guten Morgen.«

Bäcker: »Sie gehen wohl gerne auf Nummer sicher, hm?«

Kunde: »Wieso?«

Bäcker: »Na ja, drei Begrüßungen auf einmal ... Ein einfaches ›Tach‹ hätte es auch getan.«

Kunde: »Da will man einmal freundlich sein.«

Bäcker: »Das ist nicht freundlich, das ist redundant!«

Kunde: »Wow! Sie kennen ja Wörter. Das hätte ich Ihnen gar nicht zugetraut.«

Bäcker: »Da können Sie mal sehen. Eigentlich bin ich Professor für Linguistik, das mit der Bäckerei ist bloß ein Hobby.«

Kunde: »Nicht Ihr Ernst!«

Bäcker: »Klar, morgens um vier aufstehen, den ganzen Tag hier an der Theke rumlabern und dann noch die Ladenmiete – das alles entspannt doch ungemein. Danach habe ich immer richtig viel Energie für meine Sprachwissenschaft.«

Kunde: »Klingt irgendwie eher nach Arbeit ...«

Bäcker: »Ach was, Sie Schnellmerker!«

Kunde: »Heißt das, Sie sind gar kein Professor?«

Bäcker: »Doch. Und wissen Sie was – die Vorlesung ist beendet!«

Kunde: »Wie ... soll ich jetzt gehen, oder was?«

Bäcker: »Genau. Tschüss, machen Sie es gut! Bye, bye!«

Kunde: »Hä, wieso verabschieden Sie mich jetzt so oft?«

Bäcker: »Da will man einmal freundlich sein ...«

Der Laune-Macher

Kunde: »Wunderschönen guten Morgen!«

Bäcker: »Was ist los mit Ihnen? Sind Sie auf LSD?«

Kunde: »Natürlich nicht, wie kommen Sie darauf?«

Bäcker: »Na, diese Laune, Sie müssen auf Drogen sein.«

Kunde: »Ich bin einfach gut drauf!«

Bäcker: »Das ist unnormal. Kann ich Ihnen einen Krapfen anbieten?«

Kunde: »Äh, ja ... okay ... Sehr gerne. Ist der umsonst?«

Bäcker: »Kostenlos, doch nicht umsonst. Er wird seinen Zweck erfüllen.«

Kunde: »Klingt irgendwie spooky. Was meinen Sie damit?«

Bäcker: »Na ja, ich backe ihn mit einer veritablen Menge Abführmittel.«

Kunde: »Das ist ja kriminell!«

Bäcker: »Mag sein, aber der Effekt ist atemberaubend. Die Laune ist nach dem Genuss recht schnell im Keller.«

Kunde: »Ich rufe die Polizei, Sie gehören ja weggesperrt!«

Bäcker: »Nehmen Sie vorher einen Bissen vom Krapfen!«

Kunde: »NEEEEEIN, so ein Mist. Wo bin ich hier reingeraten!?«

Bäcker: »Keine Sorge, ich hab Sie veräppelt.«

Kunde: »Sowas habe ich ja noch nie erlebt! Warum machen Sie sowas?«

Bäcker: »Regen Sie sich ab, ist alles gut!«

Kunde: »Oh Mann. Ich hätte Ihnen fast geglaubt. Na gut, ich nehme dann eine Zimtschnecke.«

Bäcker: »Alles klar. Das ist eine gute Wahl. Hier, macht zwei sechzig.«

Kunde: »Gut, danke. Hier ist das Geld.«

Bäcker: »Lassen Sie es sich schmecken – ach so, die Kundentoilette ist da hinten!«

Kunde: »Jetzt reicht es wirklich! Verdammte Scheiße!«

Bäcker: »Ooooh jaaaa! Warten Sie ab ...«

Kunde: »Ich glaube es nicht! So ein Drecksmorgen.«

Bäcker: »Sie sollten es vielleicht mal mit LSD probieren.«

Guter Kurs

Kunde: »Ich hätte gerne vier Croissants.«

Bäcker: »Hossa! Haben Sie im Lotto gewonnen?«

Kunde: »Nein, warum?«

Bäcker: »Na ja, also ... vier Croissants. Das gilt hier schon als Wertanlage.«

Kunde: »Das ist ein normales Frühstück?!«

Bäcker: »Wenn Sie eine Investorengemeinschaft aus mindestens zwölf Leuten sind, vielleicht.«

Kunde: »Also, ich habe den Eindruck, Sie wollen mich auf den Arm nehmen?!«

Bäcker: »Mitnichten. Croissants, das sind die Bitcoins von morgen.«

Kunde: »So ein Quatsch.«

Bäcker: »Schauen Sie doch mal in den Dow Jones. Das Croissant steht da mittlerweile bei 1 500 Euro.«

Kunde: »Was?«

Bäcker: »Pro Gramm.«

Kunde: »Das ist ja das Allerletzte. Ich gehe jetzt zu Kamps.«

Bäcker: »Ist ja gut, ich mache Spaß.«

Kunde: »Pah. Das ist ja wirklich ein starkes Stück. Mannomann. Sie sind wirklich einer! Also, kriege ich jetzt meine vier Croissants, oder was?«

Bäcker: »Ja, sicher. Hier.«

Kunde: »Vielen Dank. Was bekommen Sie? Nein, warten Sie, lassen Sie mich raten ... Ähm ... 4 000 Euro?« *(Kichert)*.

Bäcker: »Fast. Es macht 600 000.«

Kunde: »Haha! Sie haben einen Knall.«

Bäcker: »Ich sagte doch, 1 500 Euro pro Gramm.«

Kunde: »Das ist ja pervers!«

Bäcker: »Willkommen in der Finanzwelt.«

Kunde: »So. Mir reicht es. Ich bin jetzt weg.«

Bäcker: »Nun warten Sie doch! Es war ein Scherz. Vier Croissants machen 10 Euro.«

Kunde: »Na also. Endlich sind Sie wieder normal.«

Bäcker: »Normal? Zwei fünfzig für ein Croissant ist viel zu teuer!«

Kunde: »Hm. Jetzt, wo Sie es sagen ...«

Bäcker: »Das ist die Macht des Geldes! Bei derart schwindelerregenden Summen verliert man den Bezug zur Realität.«

Kunde: »Also, was kriegen Sie jetzt?«

Bäcker: »Geben Sie mir 6 Euro.«

Kunde: »Das kommt mir gerade unfassbar günstig vor.«

Bäcker: »Wer weiß ...«

Hallo wach!

Kundin: »Ich brauche jetzt unbedingt einen Kaffee!«

Bäcker: »Ja, Tach auch. Kaffee habe ich leider nicht.«

Kundin: »Sie sind ein Bäcker und haben keinen Kaffee?«

Bäcker: »Ich verstehe die Verwunderung nicht. Wenn ich jetzt Kaffee-Sommelier wäre, könnte ich Ihre Entrüstung verstehen. Aber wo im Wort ›Bäcker‹ versteckt sich der Begriff ›Kaffee‹?«

Kundin: »Na gut. Haben Sie irgendetwas anderes, das wachmacht – zum Beispiel schwarzen Tee?«

Bäcker: »Ich kann Ihnen Kokain anbieten.«

Kundin: »Waaaaas!? Wollen Sie mich veräppeln? Sie verkaufen Kokain? Wo liegt das denn in der Auslage, hihihihi?«

Bäcker: »Auf dem Streuselkuchen.«

Kundin: »Ach kommen Sie, das ist doch Puderzucker?!«

Bäcker: »Ja, ja. Da sind Sie nicht die Erste, die das verwechselt.«

Kundin: »Und wie soll ich das dann konsumieren?«

Bäcker: »Sie müssten Ihren zauberhaften Rüssel wohl über den Kuchen wischen und ordentlich ziehen.«

Kundin: »Wie sähe das denn aus?«

Bäcker: »Wahrscheinlich so, als würde jemand von einem Streuselkuchen koksen.«

Kundin: »Sie sind doch total bescheuert. Ich gehe jetzt zu Kamps.«

Bäcker: »Oh, das würde ich nicht machen.«

Kundin: »Wieso, bestreuen die ihre Teilchen auch mit Koks, oder was?«

Bäcker: »Schön wäre es. Die tun da erzekliges, gestrecktes Pepp drauf.«

Kundin: »Das ist ja Rufmord!«

Bäcker: »Besser Rufmord als richtiger Mord. Von dem Zeug kann man umkommen.«

Kundin: »Das ist ja absolut absurd hier. Machen Sie es gut!«

Bäcker: »Nun warten Sie doch, das war natürlich ein Scherz.«

Kundin: »Sie sollten echt aufpassen mit derlei Witzen. Also gut, dann nehme ich einen Berliner.«

Bäcker: »Nun also doch Koks?«

Kundin: »Sie meinten doch, es wäre ein Scherz!?«

Bäcker: »Ja, das mit Kamps war ein Scherz. Bei mir ist alles voll mit Drogen.«

Kundin: »Ich werde wahnsinnig!«

Bäcker: »Dann warten Sie mal ab, bis Sie von dem Berliner gekostet haben – oder sollte ich sagen ›gekokstet‹?«

Kundin: »Aaaargh! Das war's. Ich rufe die Polizei.«

Bäcker: »Ist ja gut. War ein Witz. Hier ist Ihr Berliner.«

Kundin: »Und der ist normal?«

Bäcker: »So normal, wie ein Ballen aus Teig mit Marmelade drin und Puderzucker drauf sein kann.«

Kundin: »Wenn Sie das so beschreiben, klingt es auch irgendwie seltsam. Wer ist auf die Idee gekommen, da Marmelade reinzutun?«

Bäcker: »Das muss irgendwer auf Drogen gewesen sein.«

Experimente

Kunde: »Wie sieht es denn hier aus?«

Bäcker: »Das ist ein Experiment«

Kunde: »Und warum liegen da die ganzen Rosinenschnecken auf dem Boden?«

Bäcker: »Da zeigt sich mal wieder der schnöde Geist der Kundschaft! Sie haben auch überhaupt keinen Sinn für die Wissenschaft, oder? Ich feuere mit diesem Katapult hier alte Konditoreierzeugnisse durch die Gegend und messe die Fluggeschwindigkeit.«

Kunde: »Und was soll das sein?«

Bäcker: »Ein Teilchenbeschleuniger.«

Er ist ein Meister der Empirie.

Enttäuschungen

Kunde: »Das Mehrkornbrot von gestern war schlecht!«

Bäcker: »Davon gehe ich aus! Der Tag muss erst noch kommen, an dem ich hier gutes Brot verkaufe.«

Kunde: »Schon klar. Daran habe ich mich ja gewöhnt. Aber da war tatsächlich Schimmel dran.«

Bäcker: »Ähm, aha ... Warten Sie, Sie haben sich daran gewöhnt, dass mein Brot schlecht ist?«

Kunde: »Na klar. Ich kaufe den Rotz hier nur aus Mitleid, das meiste verfüttere ich an die Tauben am Teich.«

Bäcker: »Das ist doch nicht wahr – Sie geben mein Brot den Tauben? Und die fressen das?«

Kunde: »Was denken Sie denn?«

Bäcker: »Das war so nicht gedacht! Ich war davon ausgegangen, dass es für ALLE Lebewesen ungenießbar ist ... «

Kunde: »Sie lassen sich auch nicht aus der Reserve locken, oder?«

Bäcker: »Wie meinen Sie das?«

Kunde: »Na, ich habe doch bloß Spaß gemacht. Das Brot war gar nicht verschimmelt.«

Bäcker: »Dieser Tag ist eine komplette Enttäuschung!«

»Und wird der Kunde plötzlich frech,
gib ihm eine mit dem Blech.«

DER LIEBLINGSBÄCKER

Klimawandel

Kunde: »Also das Malzbrot von gestern war ja ein bisschen trocken!«

Bäcker: »Das liegt am Klimawandel.«

Kunde: »Hä?«

Bäcker: »Früher hatte ich hier Niederschläge von bis zu zwölf Litern pro Stunde – auf den Quadratmeter! Aber heute ... Ein Trauerspiel.«

Kunde: »In Ihrer Bäckerei hat es mal geregnet? Sie spinnen doch.«

Bäcker: »Na sicher! Und der Regen war nicht immer lupenrein, sage ich Ihnen. Deshalb gab es oft Sauerteigbrote.«

Kunde: »Das ist ja die Höhe. Hier drin gibt es kein Wetter!!! Als Nächstes kommen Sie mir noch mit Sturm ...«

Bäcker: »Ja was meinen Sie denn, woher die Windbeutel kommen?«

Kunde: »Sie sind doch nicht ganz dicht!«

Bäcker: »Das brauche ich auch gar nicht sein – es kommt ja kein Regen mehr rein.«

Kunde: »Das ist absurd. Sie tun ja so, als wäre Ihre Backstube mittlerweile eine Wüste.«

Bäcker: »Exakt. Ich arbeite hier in einer astreinen Servicewüste. Haha, kleiner Scherz. Aber im Ernst: Die Desertifikation greift auch hier um sich. Sehen Sie sich die Plätzchen doch mal an: Sandteig ist das Stichwort.«

Kunde: »Mir reicht es. Ich gehe!«

Bäcker: »Nun warten Sie! Ich mache doch nur Spaß.«

Kunde: »Sie können einen echt zur Weißglut treiben.«

Bäcker: »Verständlich, es wird ja hier drinnen auch immer wärmer ... die Durchschnittstemperatur in den letzten Jahren ist um 3 Grad ...«

Kunde: »Schluss jetzt! Wo bin ich denn hier gelandet?«

Bäcker: »Ist ja gut. Sie sind aber auch empfindlich! Was möchten Sie denn haben?«

Kunde: »Einen Hefezopf.«

Bäcker: »Aber ich muss Sie warnen, ich benutze ausschließlich Trockenhefe, wegen ...«

Kunde: »Das ist der Gipfel! Sie haben den Bogen mehr als überspannt.«

Bäcker: »Beruhigen Sie sich! Ist doch alles nicht so ernst gemeint. Wissen Sie was? Ich schenke Ihnen zu dem Hefezopf noch ein Malzbrot, als Entschädigung für gestern.«

Kunde: »Na gut. Dann will ich mal nicht so sein. Wie viel kriegen Sie denn für den Hefezopf?«

Bäcker: »6,90 Euro.«

Kunde: »Ich dachte, der kostet nur fünf!? Das steht doch am Ladeneingang auf dem Schild.«

Bäcker: »Oh, da irren Sie sich. Passiert hier vielen Leuten. Die flirrende Hitze spiegelt die Sonnenstrahlen. Man nennt das ›Fata Morgana‹.«

Unverschämt gute Laune

Kundin: »Welch wunderbarer Morgen. Hallo!«

Bäcker: »Ich glaube, es hackt! Wie kann man so gut gelaunt sein?«

Kundin: »Entschuldigung, aber es ist doch einfach ein schöner Tag!«

Bäcker: »Papperlapapp! Ein schöner Tag wäre, wenn hier endlich mal jemand reinkäme, der mir wortlos zwei Millionen Euro auf den Tresen legt und einen beigefarbenen Tapir, und ich meinen Laden endlich dichtmachen könnte.«

Kundin: »Ich dachte, Sie wären Bäcker aus Leidenschaft.«

Bäcker: »Wie kann ich etwas aus Leidenschaft tun, wo ich mit Leuten zu tun habe, die hier so gut gelaunt reinkommen?!«

Kundin: »Moment mal, wieso wollen Sie überhaupt einen beigefarbenen Tapir?«

Bäcker: »Na ja, ich muss mich ja in der Rente um irgendwas kümmern.«

Kundin: »Wieso denn um einen Tapir – und sind die nicht eher braun?«

Bäcker: »Das wäre halt was Besonderes. Alle würden denken: ›Oh, ein beigefarbener Tapir, das ist ausgefallen. Der hat bestimmt Geld.‹«

Kundin: »Sie haben nicht alle Tassen im Schrank. Sind Tapire nicht auch viel zu groß, um als Haustier herzuhalten?«

Bäcker: »Im Prinzip schon, aber ich würde ihm ein fantastisches Gehege hinters Haus bauen, wo er sich wohlfühlt.«

Kundin: »Sie wissen aber, dass der Tapir ein Fluchttier ist?! Der braucht Auslauf und Unterholz. Das kostet.«

Bäcker: »Dafür ja die zwei Millionen.«

Kundin: »Aber dann bleibt Ihnen ja nichts mehr für sich selbst.«

Bäcker: »Verdammt! Der Plan ist nicht ausgereift.«

Kundin: »Sie sind echt bekloppt. Wie sind wir eigentlich darauf gekommen?«

Bäcker: »Sie hatten unverschämt gute Laune.«

Kundin: »Ach ja. Die ist jetzt weg.«

Bäcker: »Na sehen Sie, geht doch.«

Das Brotokoll

Es trug sich eines matschigen Mittwochs einmal eine unschöne Geschichte im Zusammenhang mit unserem Bäckersfreund zu, die hier nicht unerwähnt bleiben kann und zeigen soll, welcher Art Unwägbarkeiten sich unser Brotagonist tagtäglich aussetzen muss. An jenem Morgen kloppte er gerade mit all der ihm zur Verfügung stehenden Passion auf einen Teigklumpen ein, als die Ladenklingel ihm schrill in den Schlag fuhr. Zuerst schoss natürlich der unliebsame Gedanke zwischen seine Hirnrinde, dass es sich um Kundschaft handeln könnte. Durch das fahle Licht der staubigen Backstube spähend, manifestierte sich jedoch ein Inspizient aus dem städtischen Gesundheitsamt, der auf Grundlage eines fehlgeleiteten Denunzianten nun eine Begehung der Wirkungsstätte unserer geliebten Hauptfigur anstrebte. Stets war es, dem Trotz und der blanken Lust am ironischen Humor geschuldet, unserem Bäcker eine Freude, derartige Ordnungsmenschen in die bornierten Schranken zu verweisen. Immerhin vermag es der Teigzampano, ohne Ausnahme jede Person zur absoluten Weißglut zu treiben, wenn es nur einen halbwegs einladenden Anlass zum Gespräch gibt. In diesem Falle jedoch erschien ein derart unterkühlter Herr auf der anderen Seite des Tresens, dass beinahe der Ofen erkaltete. Aus Mangel an Alternativen muss sich der Lieblingsbäcker irgendwann gezwungen gesehen haben, dem Gesundheitsbeamten ein Puddingteilchen an den Kopf zu werfen, was dieser ihm wiederum selbstverständlich nicht zum Vorteil auslegte. Vielmehr sah er sich wohl kraft seines Amtes gezwungen, ein entsprechendes Protokoll der Situation zu verfassen, um darüber hinaus eine Empfehlung auszusprechen, die eine Schließung der Bäckerei aus Gründen mangelnder Hygiene und wegen weiterer, sehr dubioser Vorkommnisse befürworten sollte. An dieser Stelle kann vorweggenommen werden, dass entsprechendem Antrag Gott sei Dank nicht nachgekommen wurde, da es sich beim Leiter der Behörde um einen wohlwollenden Stammkunden des Lieblingsbäckers handelte. Zudem muss der entsprechende Beamte in der Folge aufgrund seiner doch sehr zweifelhaften Ausführungen für einige Monate in Zwangsurlaub geschickt worden sein. Man munkelte behördenintern, er habe den Verstand verloren, war er doch auch nach dem Urlaub nicht davon abzubringen, er wäre bei der Inspektion der Bäckerei nicht nur mit besagtem Teilchen beworfen, sondern zudem von Tieren attackiert worden, die mit dem Bäcker unter einer Decke steckten. Der ganze Fall wurde aufgrund mangelnder Glaubwürdigkeit unter den Teppich gekehrt.

Allerdings ist zu unserer schieren Belustigung hier das entsprechende Protokoll abgedruckt, das der Behördenmitarbeiter zur erwähnten Situation anfertigte und welches schließlich zumindest ein Bußgeld für unseren Bäcker nach sich zog, da ihm der Teilchenwurf als grobe Beamtenbeleidigung ausgelegt wurde, die auch der ihm verbundene Chef der Institution nicht herunterzuspielen vermochte, zumal noch Stunden später beachtliche Puddingreste im Haar des Beamten aufzufinden waren.

Lesen Sie also hier das entsprechende aus Sicht des Gesundheitsbeamten verfasste Schriftstück zu den Vorkommnissen an jenem verheißungsvollen matschigen Mittwoch, dessen Matschigkeit im Übrigen rein gar nichts mit dem Fall zu tun hat (außer vielleicht im Hinblick auf den Pudding) und lediglich auf Grund seines Beitrages zur Formung einer veritablen Alliteration Niederschrieb fand:

07:20

Ich betrete die Bäckerei und warte am Verkaufstresen. Durch einen Türschlitz sehe ich in die verstaubte Backstube, kann aber nichts erkennen. Irgendwann kommt der Bäcker hinaus. Er hat ein Nudelholz in der Hand und Teig im Gesicht. Ich weise mich aus und er begrüßt mich mit den Worten: »Aha, ein Mann von der Behörde. Was kann ich gegen Sie tun?« So begrüße er jeden vom Gesundheitsamt, lässt er mich wissen. Scheint ein Scherzkeks zu sein.

07:30

Ich berichte ihm von der Anzeige eines Kunden, dass die Hygienestandards nicht erfüllt würden. Er macht eine abwinkende Geste und sagt irgendwas von Denunziantentum und Leuten, die keinen Spaß verstünden und wahrscheinlich Stammkunden bei Kamps oder Backwerk wären. Es fällt der Begriff »räudiges Kundengesocks«. In seiner Bäckerei sei alles okay. Dafür garantierten die in der Backstube gehaltenen Menschenaffen, die penibel die Läuse vom Boden aufläsen und äßen.

Ich bitte um Einlass in die Stube, um mir selbst ein Bild zu machen.

07:35

In der Backstube gibt es keine Menschenaffen, stelle ich in der Backstube fest. Das hätte mich auch gewundert. Auf meine Nachfrage gibt der Bäcker zu Protokoll, dass dies ein Scherz gewesen sei. Er habe vielmehr drei Lamas im Innenhof, die ihm nachmittags durch ihre »Rotzerei« beim Putzen hälfen. Er öffne dabei das Fenster, die Lamas spuckten hinein und er wische den ganzen »Kladderadatsch« dann mit dem Feudel auf. Am darauffolgenden Tag diene ihm der »Klumpatsch« dann als neuer Teig.

07:40

Ich weiß nicht, ob ich hier irgendetwas glauben kann, betone aber, dass die Haltung von Lamas zu Putzzwecken sicherlich nicht legal sei. Danach weise ich den Bäcker darauf hin, dass ich so etwas noch nie erlebt hätte und man sich im Gegensatz zu ihm bei Kamps wesentlich kooperativer zeige. Zudem sei dort die Backstube geräumiger.

07:41

Der Bäcker wirft mir ein Puddingteilchen an den Kopf und ruft unter der Benutzung obszöner Gesten, dass man »das bei Kamps doch wohl kaum als Backstube bezeichnen« könne, weil dieser »vermaledeite Tempel des Dilettantismus höchstens Brot aufwärmt«.

07:43

Ich verlasse stürmisch den Laden und versuche, mir dabei den Pudding aus dem Scheitel zu wischen. Unterdessen drohe ich dem Bäcker mit Schließung und damit, dass diese ganze Sache ein Nachspiel habe. Offenbar durch den Angriff verwirrt erwische ich allerdings die Hintertür und lande im Innenhof, wo ich von drei Lamas angespuckt werde. Der Bäcker entschuldigt sich mit zynischem Unterton und versucht, mir die Lamaspucke mit einem Feudel aus dem Gesicht zu wischen. In diesem Moment springt mir ein Menschenaffe auf den Rücken und beginnt, den Pudding aus meinem Haar zu klauben, um ihn sich daraufhin einzuverleiben. Auch wenn sich das ziemlich angenehm anfühlt, ist die Situation doch sehr unangenehm.

07:45

Ich renne zurück in die Backstube und rufe über die Schulter dem Bäcker zu, dass er seinen Laden zumachen könne und ich ihn in mehreren Fällen anzeigen würde.

Er ruft mir hinterher, dass mir wohl niemand glauben würde, wenn ich beschriebe, dass drei Lamas und ein Menschenaffe in seinem Innenhof wohnten. Ich solle vielmehr zurückkommen und als Entschuldigung für den »ganzen Bohei« eine »Nase Koks vom Streuselkuchen ziehen«.

08:30

Ich sitze wieder an meinem Arbeitsplatz und verfasse diesen Bericht. Dabei bitte ich inständig darum, besagte Bäckerei aus den erwähnten Gründen zu schließen. Außerdem muss der Bäcker wegen Beamtenbeleidigung und tätlichen Wischens durch mein Gesicht angeklagt werden. Die Vorkommnisse sind als äußerst ernst und der Bäcker als renitentes Subjekt zu verurteilen. Niemals zuvor in meiner bisherigen, lupenreinen Beamtenkarriere ist mir eine derartige Frechheit untergekommen.

Nun, so stellte sich der Sachverhalt also aus Sicht des Beamten dar. Der Lieblingsbäcker hatte selbstverständlich eine andere Sicht auf die Dinge, die weniger dramatisch daherkam. Welche Version aber die richtige ist, vermögen nur zwei Personen wirklich zu beantworten. Einer von den beiden neigt seit jeher, schon allein von Berufes wegen, zu absolut skurrilen Ausführungen und heillosem Irrsinn. Und der andere ist ein bekloppter Bäcker. Einer, der sich gerne einen Spaß macht und zufälligerweise einen sehr guten Draht zum städtischen Zoo pflegt. Und zum Chef der Gesundheitsbehörde, der ihm jede Inspektion heimlich vorher ankündigt. Wie auch immer. Zum Glück bleibt uns seine Bäckerei erhalten. Denn selbst im steifen Apparat des Beamtentums scheint es subversive Kräfte zu geben, die einen guten Sinn für Humor haben.

»Was ist des Unglücks Unterpfand?
Die Leute vom Gesundheitsamt.«

DER LIEBLINGSBÄCKER

Beliebige Bestellungen I

Kundin: »Ich hätte gerne ein Brot.«

Bäcker: »Na sowas! Wie kommen Sie da auf die Idee, in eine Bäckerei zu gehen?«

Kundin: »Ähm … tja, ja … stimmt. Verstehe. Die Bestellung könnte präziser sein, oder?«

Bäcker: »Quatsch!«

Kundin: »Gut, welches Brot können Sie denn empfehlen?«

Bäcker: »Das hier.«

Kundin: »Und was ist das für eins?«

Bäcker: »Es heißt ›Ein Brot‹.«

Kundin: »Hä? Und was ist drin?«

Bäcker: »Zutaten.«

Kundin: »Ja, klar, aber welche?«

Bäcker: »Beliebige.«

Kundin: »Ich verstehe schon, Sie wollen mich veräppeln.«

Bäcker: »Nein, natürlich nicht. Ich habe mir die Augen verbunden und aus jedem Zutateneimer eine Hand zusammengeworfen.«

Kundin: »Und wie schmeckt das?«

Bäcker: »Keine Ahnung. Hab nicht probiert. Aber es sieht ganz gut aus, oder?«

Kundin: »Und was ist, wenn Sie zu viel Salz genommen haben?«

Bäcker: »Also eine Handvoll Salz ist auf jeden Fall zu viel!«

Kundin: »Bäh! Das kann ja nicht schmecken!«

Bäcker: »Nun ja, ich habe ja auch eine Handvoll Zucker reingetan. Vielleicht gleicht sich das aus.«

Kundin: »Moment mal, wenn Sie eh aus jedem Eimer eine Handvoll genommen haben, warum haben Sie sich dann noch die Augen verbunden?«

Bäcker: »Ich wollte mir das Unheil nicht angucken.«

Kundin: »Das ist total bescheuert.«

Bäcker: »Genau, so wie in einer Bäckerei ›ein Brot‹ zu bestellen. Sie sehen, da schließt sich der Kreis.«

Kundin: »Wie haben Sie das eigentlich mit dem Wasser gemacht?«

Bäcker: »Auch eine Handvoll.«

Kundin: »Das ist ja so gut wie nichts! Da läuft ja auch fast alles beim Zugreifen wieder raus?!«

Bäcker: »Deswegen zerfällt das Brot bei einer Berührung auch zu Staub.«

Kundin: »Sie haben komplett einen am Helm.«

Bäcker: »Wie sieht's jetzt aus – nehmen Sie eins?«

Kundin: »Ja.«

Bäcker: »Hä?! Woher der Sinneswandel?«

Kundin: »Ich will meinen Mann veräppeln. Der soll das Brot anschneiden und sich erschrecken, wenn es zu Staub zerfällt. Hihihihi.«

Bäcker: »Okay. Womit hat er das verdient?«

Kundin: »Ich frage ihn immer, welches Brot ich kaufen soll und er antwortet meistens: ›Ach, bring einfach irgendein Brot mit.‹«

Bäcker: »Jetzt schließt sich wirklich der Kreis.«

Wo er recht hat, hat er recht.

Der Ofenmann

Kunde: »Ein Malzbrot.«

Bäcker: »Hier. Macht 30 Mark.«

Kunde: »Ha! Sie sind es!«

Bäcker: »Ich bin was?«

Kunde: »Sie sind der Lieblingsbäcker!«

Bäcker: »Lieblingsbäcker von wem?«

Kunde: »Es gibt Videos im Internet, in denen ein Typ Ihre Dialoge vorliest. Das ist genial!«

Bäcker: »Auf was die jungen Leute so kommen ...«

Kunde: »So jung ist der nicht mehr. Ist bestimmt schon über dreißig. Hier, ich zeige Ihnen mal ein Video.«

Bäcker: »Na gut, lassen Sie mal sehen. Oh, der sieht aber gut aus! Und toll vorlesen kann der. Das ist ja wirklich genial!«

Kunde: »Das gibt es doch nicht! Sie wussten gar nicht, dass der das macht? Sie wollen mich doch veräppeln.«

Bäcker: »Ja, klar. Ich mache Spaß. Natürlich kenne ich den. Der lungert ja immer hier in der Bäckerei rum und schreibt mit.«

Kunde: »Okay ... Aber, ähm ... ich sehe hier keinen außer uns.«

Bäcker: »Der sitzt im Ofen.«

Kunde: »Was!? Das ist doch viel zu eng.«

Bäcker: »Ich hab den nach hinten ausgebaut, damit er nicht so auffällt.«

Kunde: »So ein Quatsch, das glaube ich nicht.«

Bäcker: »Na klar, der ragt ganz weit hinten in die Backstube rein. Und in dem Kasten sitzt der Typ mit seinem Notizblöckchen.«

Kunde: »Aber das wird doch viel zu heiß.«

Bäcker: »Nee, wir backen ja nicht mehr.«

Kunde: »Wie, wo kommt denn das Brot her?«

Bäcker: »Von Kamps.«

Kunde: »Das ist doch nicht Ihr Ernst. Sie wettern doch immer gegen die Ketten!?«

Bäcker: »Ja, aber ich muss meinem Kumpel und Partner doch helfen. Mittlerweile geht alle Zeit für die dämlichen Gespräche drauf. Immerhin leben wir von den Dialogen.«

Kunde: »Was?! Das ist doch nicht wahr!«

Bäcker: »Doch, klar. Wir sind inzwischen Milliardäre.«

Kunde: »Das gibt es doch nicht! Sie verscheißern mich!«

Bäcker: »Nein, die Bücher und Videos laufen brutal gut. Ich fahre einen Rolls Royce und pflege eigentlich in Versailles zu residieren. Da gibt es zwar nur Baguette, aber der Hunger treibt es rein.«

Kunde: »Jetzt hören Sie aber auf! Das ist doch Quatsch, oder?«

Bäcker: »Na klar. Was denken Sie denn?! So, hier ist das Malzbrot. Kostet 3,70 Euro.«

Kunde: »Heißt das, Sie sind gar nicht der Lieblingsbäcker?«

Bäcker: »Natürlich nicht. Ich kenne auch den Typen aus dem Video nicht. Der im Übrigen eher aussieht, als wäre er schon vierzig. Und das mit dem Vorlesen sollte der auch nochmal üben.«

Kunde: »Aber was sollte das denn mit den 30 Mark am Anfang?«

Bäcker: »Ich habe mich versprochen. Komme mit der Währungsumstellung noch nicht so gut klar.«

Kunde: »Verdammt. Ich suche jetzt schon seit Ewigkeiten nach dem Lieblingsbäcker. Wo könnte er nur sein?«

Bäcker: »Ich kann ja mal den Typen im Ofen fragen.«

Kunde: »Wie, ich dachte, da wäre keiner?!«

Bäcker: »Das habe ich nie gesagt. Es ist mein Neffe, der studiert Beklopptheit.«

Kunde: »Das kann man doch nicht studieren.«

Bäcker: »Aber sicher. Davon gibt es eine ganze Menge. Das merkt man doch an unserem Gespräch.«

(Der Bäcker geht zum Ofen und flüstert etwas herein. Dann lauscht er auffällig in Richtung der Ofenöffnung.)

Kunde: »Und ... Was sagt er?«

Bäcker: »Er meint, das wäre ein ausreichend bekloppter Dialog, der durchaus auftrittsfähig wäre und sich vortrefflich in einem Buch machen könnte. Aber dummerweise machen wir sowas ja nicht.«

Kunde: »Das ist echt ein Jammer. Na dann, hier ist das Geld. Bis die Tage!«

Bäcker: »Alles klar. Wir sehen uns … *(in Richtung des Ofens flüsternd)* auf Instagram.«

Es ist doch ein Katz- und Mausspiel.

Haarige Sache

Kundin: »Was fällt Ihnen eigentlich ein ...«

Bäcker: »Ah, ja ... das Geschenk für Tante Erna. Stimmt! Gut, dass Sie mich erinnern.«

Kundin: »Aber das meinte ich nicht.«

Bäcker: »Spielt keine Rolle, ich muss da unbedingt dran denken.«

Kundin: »Was ist das denn für eine Masche!? Unverschämtheit. Ich will mich hier bei Ihnen beschweren und Sie versuchen, sich auf diese perfide Weise der Kritik zu entziehen.«

Bäcker: »Glauben Sie mir, nichts kann schlimmer sein, als bei Tante Erna ohne Geschenk aufzukreuzen. Und ich habe noch keins. Also, was haben Sie denn auf dem Herzen?«

Kundin: »In dem Puddingteilchen, das ich bei Ihnen gekauft habe, war ein Haar.«

Bäcker: »Nur eins? Das geht doch.«

Kundin: »Das ist ja eine Frechheit!«

Bäcker: »Es gab Zeiten, da haben Leute sich aus meinen Puddingteilchen Toupets gemacht.«

Kundin: »Sie wollen mich wohl auf den Arm nehmen?!«

Bäcker: »Bei allem Respekt – nein! Ich bin auch nicht mehr der Jüngste und Sie werden doch an die 80 Kilo wiegen ...«

Kundin: »Ich raste hier gleich aus! Das ist ja die Höhe! Bodyshaming ist das!«

Bäcker: »Bodyshaming ist, wenn Sie die Frisur meiner Puddingteilchen beanstanden.«

Kundin: »DA WAR EIN HAAR IN IHREN LEBENSMITTELN! Das ist ekelhaft.«

Bäcker: »Ach, aber mit dem Pudding hatten Sie kein Problem, oder was? Sie wissen schon, dass ich den komplett aus Pferdepopeln mache?«

Kundin: »Würg! Das ist ja widerlich!«

Bäcker: »Sehen Sie, auf einmal ist das Haar kein Problem mehr. Und jetzt ab zu Kamps, ich muss noch das Geschenk für Tante Erna besorgen. Mir ist gerade die perfekte Idee gekommen.«

Kundin: »Wie, auf einmal? Was schenken Sie ihr denn?«

Bäcker: »Ein Toupet.

Minen

Bäcker: »Achtung, kommen Sie nicht rein!«

Kundin: »Huch! Warum denn nicht?«

Bäcker: »Explosionsgefahr!«

Kundin: »Was?«

Bäcker: »Eben war einer von der Minenräumung hier und meinte, ich soll mich nicht vom Fleck rühren. Das Gebäude ist anscheinend komplett vermint.«

Kundin: »So ein Quatsch! Das ist doch ganz normaler Fußboden.«

Bäcker: »Sehen Sie nicht die Noppen?«

Kundin: »Doch, aber das ist PVC!«

Bäcker: »Wissen Sie wie eine Mine aussieht?«

Kundin: »Nein.«

Bäcker: »Sehen Sie. Also: Obacht! Hier ist Sperrgebiet.«

Kundin: »Sie sind bekloppt. Das ist doch ein Witz?!«

Bäcker: »Na klar, ich mache Spaß. Kommen Sie rein.«

Kundin: »Wieso dieser Unfug mit den Minen?«

Bäcker: »Sie lachen ja.«

Kundin: »Hm. Ein bisschen.«

Bäcker: »Dann machen Sie also ... gute Miene zum bösen Spiel?!«

Kundin: »Ernsthaft? Das alles wegen dieses blöden Wortwitzes?«

Bäcker: »Jawohl. So, was wollen Sie?«

Kundin: »Sie sind mir einer. Nun, ähm ... ich hätte gerne eines dieser runden Dinger da vorne.«

Bäcker: »Ah ja, das ist eine Tretmine aus Hefeteig, Zucker und Rosinen. In Fachkreisen auch Rosinenschnecke genannt.«

Kundin: »Sie sind noch im Minen-Film, wie mir scheint.«

Bäcker: »Warten Sie nur ab, die explodiert nach dem Essen.«

Kundin: »Hahaha. Als ob!«

Bäcker: »Doch, ist eine Kalorienbombe.«

Kundin: »Gut, das war lustig.«

Bäcker: »Eine richtige Fettgranate.«

Kundin: »Ja, ist gut jetzt.«

Bäcker: »Eine Zuckerkanone.«

Kundin: »Okay, ich nehme ein Schwarzbrot.«

Bäcker: »Hä, woher der Sinneswandel?«

Kundin: »Ich bin Pazifistin.«

Bäcker: »Nun denn. Darf ich Ihnen einen Bleistift mit meinem Logo dazulegen? Ist ein Geschenk.«

Kundin: »Meinetwegen, klar. Wieso denn ein Bleistift?«

Bäcker: »Da ist eine Mine drin.«

Manchmal übertreibt er.

Hauptsache keine Drogen

Kunde: »Ich habe vor kurzem mal bei Ihnen einen Donut gekauft, mit bunten Streuseln.«

Bäcker: »Ach ja! Und, hat er gewirkt?«

Kunde: »Ja, genau. Darauf wollte ich hinaus. Sie meinten ja, dass da Ecstasy drin wäre ...«

Bäcker: »Exakt.«

Kunde: »... und ich habe das Zeug meinem Enkel gegeben. Die gehen immer feiern in Technoclubs.«

Bäcker: »Ja, und?«

Kunde: »Ich heiße das zwar nicht gut, aber ich brauche jetzt mehr. Die sind alle total verrückt nach Ihren Donuts.«

Bäcker: »Wie viele brauchen Sie denn?«

Kunde: »Ich würde sagen ... äh ... vielleicht so 80?«

Bäcker: »80 Donuts? Sie sind doch verrückt! So viele verkaufe ich hier in einer Woche. Wenn es gut läuft.«

Kunde: »Okay. Aber mein Enkel und seine Kumpels wollen die im Club verticken.«

Bäcker: »Das gibt es doch nicht. Ich bin doch kein Drogendealer!«

Kunde: »Nein, Sie sind ein Großhändler. Mein Enkel und seine Kumpels sind die Dealer.«

Bäcker: »Das ist total bescheuert. Außerdem habe ich damals Spaß gemacht, das sind ganz normale Donuts.«

Kunde: »Und warum sind die dann erst zwei Tage später wieder nach Hause gekommen und haben zwischendurch nicht geschlafen? Außerdem haben die nur den Donut gegessen.«

Bäcker: »Verdammt, das kann am Zucker liegen. Das Verhältnis war mir etwas ungleich geraten.«

Kunde: »Wie, ›ungleich‹?«

Bäcker: »Also, das waren so circa 10 Prozent Teig und der Rest war Zucker.«

Kunde: »Deswegen sahen die so milchig aus.«

Bäcker: »Jepp. Das war der Zucker. Wollen Sie jetzt, dass ich mich entschuldige?«

Kunde: »Nein, ich finde das grandios. Die Kinder sollen lieber an Diabetes verenden als an Drogen.«

Bäcker: »Wieso das denn?«

Kunde: »Dann behalte ich den Status als Drogenopfer in der Familie und kann mich unter diesem Vorwand immer bei Familienfesten durchschnorren.«

Bäcker: »Aber Ihr Enkel wird Diabetiker!«

Kunde: »Hauptsache keine Drogen!«

»Schneit's beim Bäcker überm Teilchen,
kickt das Zeug meist nach 'nem Weilchen.«

DER LIEBLINGSBÄCKER

Du bist, was du isst

Kundin: »Sie werden es nicht glauben!«

Bäcker: »Jetzt bin ich gespannt. Sind Sie Bibi Blocksberg?«

Kundin: »Nein, besser.«

Bäcker: »Die kleine Hexe?«

Kundin: »Nein, passen Sie auf: Ich heiße Kornelia ... und meine Schwester heißt Monika.«

Bäcker: »Aha. Doch, das glaube ich Ihnen.«

Kundin: »Verstehen Sie nicht? Wegen Korn und Mohn.«

Bäcker: »Ach so. Na gut. Und Ihre Mutter heißt dann sicherlich Mehlanie?«

Kundin: »Ha! Der war gut. Nein, sie heißt Chiara.«

Bäcker: »Das ist jetzt nicht Ihr Ernst!?«

Kundin: »Doch. Ah ... das merke ich ja jetzt erst! Wegen Chia ...«

Bäcker: »Verrückt!«

Kundin: »Allerdings. Wir haben alle was mit Ihrem Beruf im Namen.«

Bäcker: »Und lassen Sie mich raten: Ihr Vater ist Martin Semmelrogge?«

Kundin: »Das wäre es ja jetzt. Nein, der heißt Hartmut Stein.«

Bäcker: »Ist er zufällig Maurer?«

Kundin: »Stimmt, das würde passen. Nein, der ist Masseur.«

Bäcker: »Ha! Der Name passt zur Tätigkeit wie Beethoven ins Bierzelt. Gut, was möchten Sie denn?«

Kundin: »Ich möchte nichts. Ich wollte Ihnen das nur erzählen.«

Bäcker: »Ja, wie? Und Sie kaufen jetzt hier gar nichts?«

Kundin: »Nein, wir essen zu Hause gar kein Brot.«

Bäcker: »Also damit hätte ich jetzt nicht gerechnet. Und was frühstücken Sie?«

Kundin: »Wir essen eigentlich immer Porridge.«

Bäcker: »Na, dann weiß ich ja, wie Sie Ihren Sohn nennen werden, wenn Sie mal einen kriegen.«

Kundin: »Ähm … ja?«

Bäcker: »Breien.«

Der Influencer

Kunde: »Hi. Ich bin TikTok-Influencer, kann ich Sie kurz filmen?«

Bäcker: »Was sind Sie?«

Kunde: »Influencer. Auf TikTok. Das ist eine Plattform für Videos.«

Bäcker: »Ist das Ihr Hauptberuf?«

Kunde: »Ja.«

Bäcker: »Das gibt's doch nicht! Wir sind früher noch in die Mine gegangen mit der Spitzhacke und haben nach Kohle gegraben.«

Kunde: »Oh, wir haben Content-Minen! Dabei machen wir aus einem Haufen Material mehrere Clips, da kommt dann Werbung mit rein. Wir graben also auch nach Kohle, wenn Sie verstehen.«

Bäcker: »Natürlich verstehe ich. Es ist zwar Mumpitz oder gar Kokolores, aber ich verstehe.«

Kunde: »Was ist das?«

Bäcker: »Na, Mumpitz! Oder Schnickschnack oder Firlefanz.«

Kunde: »Ich befürchte, dass ich nicht ganz mitkomme.«

Bäcker: »Das sind Synonyme für Quatsch.«

Kunde: »Aha.«

Bäcker: »Sprache ist die beste Content-Mine überhaupt, würde ich sagen. Schürf da mal ein bisschen drin rum.«

Kunde: »Das werde ich tun. Hört sich alles sehr fancy an.«

Bäcker: »Wie hört sich das an?«

Kunde: »Na, fancy oder lit. Oder slay.«

Bäcker: »Das klingt ja knorke.«

Kunde: »Wir verstehen uns!«

Bäcker: »Absolut. Macht ihr mal euer Ding, das wird schon gut.«

Kunde: »Heißt das, ich darf Sie nun filmen?«

Bäcker: »Auf keinen Fall. Ich habe früher genug in der Mine gerackert, da muss ich jetzt nicht noch in einer Content-Mine landen.«

Kunde: »Kann ich verstehen. Na dann: Glück auf!«

Bäcker: »Junge, du gefällst mir.«

Er hat einfach ein Herz für die Jugend.

Das Geheimtreffen

Kunde: »Guten Tag.«

Bäcker: »Tach, Genosse!«

Kunde: »Ich verbitte mir das!«

Bäcker: »Was meinen Sie?«

Kunde: »Diese lapidare Anrede.«

Bäcker: »Ach, Sie kommen gar nicht wegen des Geheimtreffens? Was wollen Sie dann hier?«

Kunde: »Brot.«

Bäcker: »Aha. Ungewöhnlich. Nun denn, Brot ist ein Politikum. Und dies ist eine politische Bäckerei. Wir sind Brotzialisten.«

Kunde: »Was? Warum?«

Bäcker: »Ein Weckchen geht um in Europa – das Weckchen des Brotzialismus. Alle Mächte des alten Europas haben sich zu einer heiligen Hetzjagd gegen dieses Weckchen verbündet: der Papst und Backwerk, Merzenich und Kamps, französische Glutenallergiker und deutsche Brothasser.«

Kunde: »Klingt ja schlimm! Das arme Weckchen.«

Bäcker: »Ich sage es Ihnen. Wir müssen uns zusammentun und für den Erhalt des Weckchens kämpfen. Brotletarier aller Länder, vereinigt Euch!«

Kunde: »Klingt gut. Ich bin dabei!«

Bäcker: »Hervorragend!«

Kunde: »Bisher war ich nie besonders politisch. Habe immer CDU gewählt.«

Bäcker: »Macht nichts, Genosse. Ab jetzt bist du einer von uns!«

Kunde: »Wieso duzen Sie mich?«

Bäcker: »Wir sind jetzt beide Brotzialisten. Wir sind Brüder im Teige.«

Kunde: »Alles klar. Oh Mann, ich bin ganz schön aufgeregt. Das gefällt mir, diese Nähe zueinander.«

Bäcker: »Genau.«

Kunde: »Wann kommen denn die anderen?«

Bäcker: »Welche anderen?«

Kunde: »Na, ich dachte, dass bei einem Geheimtreffen ... also, dass da mehrere bei sind?!«

Bäcker: »Wir sind doch zwei.«

Kunde: »Hä?«

Bäcker: »Marx und Engels waren am Anfang auch nur zu zweit.«

Kunde: »Waren das nicht Kommunisten?«

Bäcker: »Wollen Sie mich eigentlich verarschen? Sie haben die ganzen Andeutungen bis jetzt nicht verstanden?«

Kunde: »Nein, welche Andeutungen?«

Bäcker: »Ach, vergessen Sie es. Man kann Sie nicht einmal richtig veräppeln.«

Kunde: »Das war also gar nicht ernst gemeint?«

Bäcker: »Natürlich nicht!«

Kunde: »Schade. Ich wollte das morgen meinen Kumpels erzählen, die hätten sicherlich mitgemacht. Die wählen normalerweise auch CDU.«

Bäcker: »Na klar. Bestimmt. Die wären begeistert gewesen.«

Kunde: »Ist so. Irgendwie ist das mit der CDU auch ein bisschen langweilig. Und wenn der Papst hinter dem Weckchen her ist, kann ich ja eigentlich auch nicht CDU wählen.«

Bäcker: »Okay … Ähm, genau.«

Kunde: »Also, machen wir das jetzt?«

Bäcker: »Was?«

Kunde: »Na, dieses Brotzialismus-Ding.«

Bäcker: »Sie raffen gar nichts, oder?«

Kunde: »Doch. Brotletarier, vereinigt euch! Gegen die französischen Glutenallergiker und so.«

Bäcker: »Hallo! Ich wollte Sie veräppeln!«

Kunde: »Brot! Brot! Brot-Chi-Minh!«

Bäcker: »Hä? Dann wissen Sie ja doch Bescheid!«

Kunde: »Klar, ich bin ja nicht blöd. So, geben Sie mir bitte ein Schwarzbrot.«

Bäcker: »Okay, ähm ... hier. Macht 3,80 Euro.«

Kunde: »Wenn das der alte Karl wüsste – ist ja ganz schöner Wucher. Aber gut, wird eh geteilt. Also: Hier.«

Bäcker: »Warum siezen wir uns eigentlich wieder? Und wieso wird das Geld für das Brot geteilt?«

Kunde: »Das ist für unseren CDU-Stammtisch. In diesem Sinne: Mach es gut, Genosse!«

Bäcker: »Mein politischer Kompass ist verwirrt.«

Vogelkunde

Kunde: »Ich hätte gerne irgendwas Leichtes.«

Bäcker: »Wie wäre es mit einer Feder?«

Kunde: »Ha, Sie sind gut. Nein, es soll etwas ohne viele Kalorien sein.«

Bäcker: »Also so eine Feder ist tatsächlich sehr kalorienarm. Ich hätte heute eine aus dem Gefieder des Sperlings im Angebot.«

Kunde: »Im Ernst? Sie verkaufen Vogelfedern?«

Bäcker: »Na klar. Bei WeightWatchers waren wir mal Tagesempfehlung. Damals hatte ich Kolibri-Schwanzfedern im Sortiment. Die sind aber jetzt aus.«

Kunde: »Aber das hat doch überhaupt nichts mit Backwaren zu tun?!«

Bäcker: »Stimmt. Die Federn stecke ich deshalb in Puddingteilchen.«

Kunde: »Aber das Puddingteilchen ist doch total fettig!«

Bäcker: »Ja, klar. Da müssen Sie dann durch. Wer wirklich abnehmen will, isst nur die Feder und verschenkt den Rest.«

Kunde: »Das ist totaler Blödsinn. Man kann doch keine Vogelfedern essen.«

Bäcker: »Da fragen Sie aber mal einen Fuchs!«

Kunde: »Der wird mir wohl kaum antworten.«

Bäcker: »Das hat auch einen Grund: Keiner verrät gerne Tipps für eine gute Figur! Aber jetzt schauen Sie sich die Tiere mal an – haben Sie je einen dicken Fuchs gesehen?«

Kunde: »Äh … nein, jetzt, wo Sie es sagen …«

Bäcker: »Na, sehen Sie! Das machen die Hühnerfedern.«

Kunde: »Aber der frisst ja auch das Huhn.«

Bäcker: »Das denken Sie! Haben Sie jemals einen Fuchs beim Fressen gesehen?«

Kunde: »Ähm … nein.«

Bäcker: »Na bitte! Der frisst nur die Federn und verschenkt dann das Huhn.«

Kunde: »Klingt nach vollkommen ausgemachtem Unfug, was Sie hier erzählen! Der Mensch kann doch keine Vogelfedern essen. Da bekommt man doch bestimmt Durchfall.«

Bäcker: »Und was ist das Resultat des Durchfalls?«

Kunde: »Man nimmt ab.«

Bäcker: »Bingo. Das Konzept ist brillant, oder?«

Kunde: »Sie haben doch nicht mehr alle Latten am Zaun. Ich gehe jetzt zu Kamps.«

Bäcker: »Da kommen Sie aber vom Regen in die Traufe!«

Kunde: »Warum?«

Bäcker: »Na, weil das auch Vögel sind. Und jetzt raus hier!«

Rustikale Erziehung

Kunde: »Hilfe! Ich werde verfolgt!«

Bäcker: »Von wem?«

Kunde: »Von Verfolgern.«

Bäcker: »Klingt soweit logisch. Aber wer sind die Verfolger?«

Kunde: »Es sind Kinder.«

Bäcker: »Kinder? Und da geraten Sie so in Panik?!«

Kunde: »Ja, ich glaube, die sind bewaffnet.«

Bäcker: »Ach, DIE meinen Sie. Ja, die haben Spielzeugpistolen. Rennen hier immer durch das Viertel und spielen Bankraub.«

Kunde: »Aber die waren hinter mir her!«

Bäcker: »Schmeißen Sie denen einfach ein Croissant an den Kopf. Dann ist Ruhe. Das mache ich auch immer.«

Kunde: »Sie können doch Kinder nicht mit Croissants bewerfen!«

Bäcker: »Natürlich! Wer meine Ruhe stört, wird beschossen.«

Kunde: »Ja, gut. Aber das wird die wohl kaum jucken.«

Bäcker: »Da täuschen Sie sich mal nicht. Meine Croissants sind steinhart. Dagegen sind Wurfsterne aber ein weicher Mausepups.«

Kunde: »Wie kann ein Mausepups weich sein?«

Bäcker: »Was weiß ich, vielleicht kam ein bisschen Land mit, mir ist nichts besseres eingefallen.«

Kunde: »Gut. Aber warum sind Ihre Croissants hart – die will doch keiner mehr kaufen?«

Bäcker: »Genau. Ich mache die nur für die Kinder.«

Kunde: »Das ist doch kompletter Unsinn. Außerdem ist das Verschwendung!«

Bäcker: »Auf keinen Fall! Wenn ich ein Kind niedergestreckt habe, hole ich das Croissant zurück und verwende es weiter.«

Kunde: »Und was passiert mit den Kindern?«

Bäcker: »Die wachen irgendwann wieder auf und gehen dann nach Hause.«

Kunde: »Und die Eltern – die müssen Ihnen doch aufs Dach steigen, oder nicht?«

Bäcker: »Mitnichten. Die sind alle Kunden von mir. Das Wurfcroissant ist ein absoluter Bestseller im Viertel.«

Kunde: »Sie spinnen doch.«

Bäcker: »Na, ich sehe da aber einen kleinen Zweifel in Ihrem Blick. So, was nehmen Sie denn jetzt?«

Kunde: »Ähm, nun ja ... Also ... Gut, ich nehme dann drei Croissants.«

Bäcker: »Ha, der war gut. Sie haben aber ganz schön Schiss vor den ›Bankräubern‹.«

Kunde: »Nein, aber ... ich habe selbst drei Kinder.«

»Und ist der Nachbar Dir ein Kropf,
schmeiß Baguettes ihm an den Kopf.«

DER LIEBLINGSBÄCKER

Die Verkostung

Kundin: »Was ein Tag! Ich brauche jetzt ein Buttercroissant.«

Bäcker: »Klar. Wollen Sie auch noch einen Schnaps dazu?«

Kundin: »Am liebsten schon.«

Bäcker: »Okay, hier.«

Kundin: »Ähm ... aber das ist doch nur das Croissant. Wo bleibt der Schnaps?«

Bäcker: »Der ist drin.«

Kundin: »Im Croissant?«

Bäcker: »Genau. 20 Jahre im Eichenfass gereift.«

Kundin: »Ich hoffe, nur der Schnaps?«

Bäcker: »Nein, beides. Ich tränke das Croissant nach dem Erkalten in Whisky und dann kommt es ins Eichenfass.«

Kundin: »Für 20 Jahre? Bäh. Das kann man doch nicht mehr essen!«

Bäcker: »Ich sage Ihnen: Es ist butterzart.«

Kundin: »Pah, Sie scherzen doch?«

Bäcker: »Na klar. War ein Witz. Ist steinhart, der Knüppel. Drücken Sie doch mal drauf.«

Kundin: »Das fühlt sich aber eigentlich ganz weich an, würde ich sagen. Sie vergackeiern mich hier, oder?«

Bäcker: »Ja, natürlich. Sie hätten Ihr Gesicht sehen sollen beim Zerdrücken des Croissants.«

Kundin: »Hahahaha. Sehr witzig.«

Bäcker: »Warten Sie kurz.« *(Er greift unter die Ladentheke, holt eine Flasche und ein Whiskyglas hervor.)*

Bäcker: »So. Bitte schön. Der geht aufs Haus!«

Kundin: »Sie haben ja tatsächlich Schnaps hier?«

Bäcker: »Das ist nicht irgendein Fusel. Der ist 20 Jahre im Eichenfass gereift!«

Kundin: »Jetzt bin ich gespannt.« *(Sie trinkt einen Schluck.)*

Kundin: »Ist irgendwie dickflüssig ... und schmeckt ein bisschen nach Croissant.«

Bäcker: »Tja, es ist eben nicht so, als hätte ich es nicht versucht.«

Bayrische Wochen

Kunde: »Tach, ich hätte gerne eine Bretzel.«

Bäcker: »Darf es noch 'ne Weißwurst dazu sein, werter Seppl?«

Kunde: »Sie haben hier Weißwurst?«

Bäcker: »Na klar, ich hätte auch Weißbier da.«

Kunde: »Das gibt es ja gar nicht! Dann nehme ich eine Wurst, eine Bretzel und ein Bier.«

Bäcker: »Das war Quatsch – ich bin ein verdammter Bäcker und kein Bierzelt!«

Kunde: »Schade.«

Bäcker: »Weißbrot hab ich.«

Kunde: »Dann nehme ich sieben.«

Bäcker: »Sieben Weißbrote?«

Kunde: »Sagt man nicht, sieben Weißbrote sind ein Bier?«

Bäcker: »Nein, überhaupt nicht. Sieben Bier sind ein Schnitzel, sagt man, glaube ich.«

Kunde: »Aber Sie haben doch kein Bier.«

Bäcker: »Es wird Sie überraschen, aber ich hab auch kein Schnitzel.«

Kunde: »Dann nehme ich ein Graubrot.«

Bäcker: »Klar, das ist der absolut sinnvolle Schluss aus unserem Gespräch. Hier, macht 8,50 Euro.«

Kunde: »Das ist aber teuer!?«

Bäcker: »3 Euro für das Brot und fünf fünfzig für den Blödsinn drumherum.«

Kunde: »Klingt fair. Hier haben Sie 10. Stimmt so.«

Bäcker: »Mich wundert hier nichts mehr.«

Die erste Liebe

Kundin: »Harald, bist du es?«

Bäcker: »Gertrud?«

Kundin: »Nein, ich heiße Adriane.«

Bäcker: »Gut, ich heiße auch nicht Harald.«

Kundin: »Ähm, okay. Jetzt habe ich wirklich kurz gedacht, ich hätte meine Jugendliebe Harald wiedergefunden.«

Bäcker: »Oh, das schmeichelt mir.«

Kundin: »Nein, der sah nicht besonders gut aus! Aber er konnte schon damals immer so wundervoll backen.«

Bäcker: »Und lassen Sie mich raten: Er hat Sie wahrscheinlich nicht wegen Ihres Charmes ausgesucht, oder?«

Kundin: »Hihi. Das tut mir leid, aber was soll ich sagen – die Ähnlichkeit ist nicht von der Hand zu weisen.«

Bäcker: »Und jetzt rennen Sie in jede zweite Bäckerei und beleidigen den Bäcker, wenn der ein bisschen wie Ihr Harald aussieht, oder was?«

Kundin: »Nein, bisher sahen die Bäcker immer erstaunlich gut aus.«

Bäcker: »Also, das ist doch ...«

Kundin: »Nein, ich mache nur Spaß.«

Bäcker: »Ha! Irgendwie gefallen Sie mir.«

Kundin: »Na, sehen Sie! Er mochte meinen Humor auch immer.«

Bäcker: »Wann haben Sie Ihren Harald denn zuletzt gesehen?«

Kundin: »Vor 25 Jahren. Bei einem Klassentreffen. Er erzählte mir, dass er eine Bäckerei aufgemacht hat.«

Bäcker: »Und wo?«

Kundin: »In Lissabon.«

Bäcker: »Ernsthaft? Wollen Sie Ihren Suchradius dann nicht vielleicht ein bisschen auf Portugal zentrieren?«

Kundin: »Nein, so wichtig ist er mir auch nicht. Sie sehen einfach nur so ähnlich aus. Und ich dachte, vielleicht ist er ja wieder zurückgekommen.«

Bäcker: »Na gut. Wie verbleiben wir jetzt?«

Kundin: »Ich nehme zwei Kornknacker.«

Bäcker: »Okay, hier.«

Kundin: »Da haben Sie mir aber zwei ziemlich hässliche ausgesucht.«

Bäcker: »Tja, ich wollte, dass Sie sich noch ein bisschen an Ihren Harald erinnern können.«

Er ist eben nachtragend.

Beliebige Bestellungen II

Kunde: »Drei Brötchen.«

Bäcker: »Zwei Worte.«

Kunde: »Was?«

Bäcker: »Ein Wort.«

Kunde: »Ich verstehe nicht.«

Bäcker: »Chapeau! Das waren schon drei.«

Kunde: »Na gut. Sie wollen also, dass ich mehr sage?«

Bäcker: »Mir ist völlig egal, wie viel Sie sagen. Aber ›drei Brötchen‹ ist nun wirklich nichts, womit ich arbeiten kann. Strengen Sie ein bisschen Ihre Fantasie an: Sollen es vielleicht drei Brötchen aus schierem, hellem Weizenmehl sein? Oder gelüstet es Ihren nicht ganz zierlichen Leib nach Schokoladenweckchen? Oder sind Sie gar auf ein körniges Geschmackserlebnis aus, dessen Basis sich im Roggensegment bewegt?«

Kunde: »Haben Sie gerade gesagt, dass ich dick bin?«

Bäcker: »Ach, das haben Sie rausgehört, oder wie?«

Kunde: »Ich bin ja nicht blöd.«

Bäcker: »Nur nicht besonders präzise.«

Kunde: »Gut, ich nehme drei Brötchen mit Körnern.«

Bäcker: »Mehrkorn, Vollkorn oder Sechskorn?«

Kunde: »So viele Körner wie möglich.«

Bäcker: »Soll ich Ihnen einen Sack Sesam mitgeben?«

Kunde: »Hä?«

Bäcker: »Spaß. Hier haben Sie drei Kornknacker.«

Kunde: »Und da sind Körner drin?«

Bäcker: »Haben Sie eben nicht noch gesagt, Sie seien nicht blöd?«

Kunde: »Ja.«

Bäcker: »Gut.«

Kunde: »Okay.«

Bäcker: »Dann nehmen Sie die?«

Kunde: »Nein.«

Bäcker: »Ich werde wahnsinnig.«

Kunde: »›Kornknacker‹ klingt, als wäre da nur ein Korn drin.«

Bäcker: »Glauben Sie mir, es sind sehr viele Körner.«

Kunde: »Warum heißt es dann nicht ›Körnerknacker‹.«

Bäcker: »Ach, jetzt werden Sie also spitzfindig, nachdem Sie hier drei völlig unspezifische Brötchen bestellt haben.«

Kunde: »Ich taste mich eben gerne ran. Dann nehme ich die Kornknacker.«

Bäcker: »Okay, hier.«

Kunde: »Moment, aber das sind doch jetzt drei Helle?!«

Bäcker: »Genau. Ich habe Ihnen aber ein Korn mit reingelegt.«

Kunde: »Wieso das denn?«

Bäcker: »Ich taste mich eben gerne ran.«

Unnützes Wissen

Kunde: »Wissen Sie, welches das beliebteste Brot der Deutschen ist?«

Bäcker: »Keine Ahnung.«

Kunde: »Toastbrot.«

Bäcker: »Gibt es doch nicht! Das könnte ja sogar Kamps.«

Kunde: »Haha. Dachte ich mir doch, dass Sie das interessiert.«

Bäcker: »Eigentlich interessiert mich das gar nicht, aber Sie haben ja hier einfach ungefragt den Reigen des unnützen Wissens eröffnet.«

Kunde: »Wissen Sie denn, woher das Wort ›Reigen‹ kommt?«

Bäcker: »Lassen Sie mich raten: Sie werden jetzt nicht einfach verschwinden, ohne es mir zu sagen, oder?«

Kunde: »Natürlich nicht. Es kommt aus dem Altfranzösischen, von ›raie‹. Das bedeutet ›Tanz‹.«

Bäcker: »Aha. Jetzt habe ich aber auch mal eine Frage: Wissen Sie, welche Scheißer bei den Deutschen die unbeliebtesten sind?«

Kunde: »Hä? Ähm ... nein.«

Bäcker: »Klugscheißer.«

Kunde: »Haha. Der war nicht schlecht.«

Bäcker: »Ich weiß. So, was wollen Sie?«

Kunde: »Haben Sie Toastbrot?«

Bäcker: »Sie sind doch ein Querulant sondergleichen! Gehen Sie gefälligst zu Kamps oder holen Sie sich diesen Instant-Mist beim Discounter!«

Kunde: »Wissen Sie eigentlich, woher der Begriff ›Querulant‹ kommt?«

Bäcker: »Nein, verdammt!«

Kunde: »Aus dem Lateinischen. Von ›queri‹, das bedeutet ›vor Gericht klagen‹.«

Bäcker: »Oh, das passt mal sehr gut zu dem, was ich gleich machen werde.«

Kunde: »Sie wollen einen Rechtsstreit beginnen?«

Bäcker: »Nein, ich werde mich gleich in die Backstube begeben, mir ein Teilchen vorsetzen und dann vor diesem leckeren Gericht darüber klagen, dass ich dauernd mit so Flachpfeifen wie Ihnen zu tun habe.«

Kunde: »Dazu fällt mir jetzt auch nichts ein.«

Bäcker: »Na bestens.«

»Und knurrt es dir auch unterm Wams,
gehe trotzdem nie zu Kamps.«

DER LIEBLINGSBÄCKER

Das Potenzproblem

Kundin: »Guten Tag. Ich habe ein Problem.«

Bäcker: »Da sind Sie nicht die Einzige! Die meisten der Menschen, die hierherkommen, sind sadomasochistisch veranlagt und viele nicht ganz knusper im Oberstübchen. Aber mir ist das egal. Ich toleriere jegliche Art von Unfähigkeit. Also, womit kann ich helfen?«

Kundin: »Ähm ... ja, mein Mann ... der ist in letzter Zeit nicht mehr ganz so ... vital. Also untenrum. Und ich habe mich gefragt, ob Sie ein Brot haben, das natürlicherweise eine Art ... na ja, Aphrodisiakum enthält. Oder so.«

Bäcker: »Okay. Er kriegt also keinen mehr hoch.«

Kundin: »So direkt würde ich das nicht sagen, aber ...«

Bäcker: »Gut, dann lassen Sie es mich so ausdrücken: Der Aufzug fährt nicht mehr ganz bis in den Dachstuhl.«

Kundin: »Ja, das klingt gleich viel besser.«

Bäcker: »Da habe ich genau das richtige für Sie: Nehmen Sie doch mein Pumpernickel. Das fördert die Manneskraft in jeglicher Hinsicht. Allerdings muss man recht viel davon essen.«

Kundin: »Das klingt wunderbar. Dann nehme ich 10 Kilo.«

Bäcker: »Ha! Das ist natürlich möglich, aber dann wird die Hälfte hart.«

Kundin: »Ah, verstehe. Dann muss ich wohl 20 nehmen.«

Bäcker: »Hä?«

Kundin: »Na, was soll ich denn mit einem Halbsteifen?«

Bäcker: »Ach so. Nein, ich meine das Brot. Die Hälfte des Brotes wird hart.«

Kundin: »Ich bitte Sie! Ich schiebe mir doch kein Pumpernickel rein!?«

Bäcker: »Na immerhin. Nein, ich meinte, dass Sie nicht so viel kaufen sollten, weil es sonst nicht mehr genießbar ist. Es wird ja hart irgendwann, verstehen Sie?«

Kundin: »Ach so ... tja, hihihihi, das ist mir aber unangenehm jetzt.«

Bäcker: »Macht doch nichts. Immerhin gehören Sie zu der Art von Kundschaft, die nur die Hälfte der üblichen Kriterien erfüllt.«

Kundin: »Wie meinen?«

Bäcker: »Sadomasochistisch veranlagt scheinen Sie ja nicht zu sein.«

Kundin: »Wollen Sie etwa sagen, dass ich doof bin?«

Bäcker: »Lassen Sie es mich so ausdrücken: Der Aufzug der Erkenntnis fährt bei Ihnen auch nicht bis ganz oben.«

Er ist doch ein Helfer in jeder Lebenslage. Nicht charmant, aber bemüht.

Geometrie

Kundin: »Guten Tag. Sagen Sie, sind eigentlich die Croissants bei Ihnen alle so gebogen?«

Bäcker: »Na klar, die stammen von Bananen ab! Was haben Sie gedacht?«

Kundin: »Hihi. Nein, mal ehrlich: Können Sie keine geraden Croissants machen? Diese Kurve immer, das ist doch irgendwie komisch. Ich meine, alle anderen Backwaren sind doch eher rechteckig, oder rund. Das Croissant wirkt da beinahe … entstellt.«

Bäcker: »Wollen Sie etwa sagen, meine Croissants wären hässlich?«

Kundin: »Nein, natürlich nicht.«

Bäcker: »Das scheint mir aber so. Was kommt als Nächstes? Werden Sie mir gleich an den Kopf werfen, der Zopf hätte Schuppenflechte? Ich sage es Ihnen direkt: Das ist ZUCKERGUSS! Der bröckelt halt hier und da, weil der Zopf schon seit drei Wochen rumliegt! Außerdem ist das eine inklusive Bäckerei – die Form ist bloß Nebensache. Es zählen die inneren Werte.«

Kundin: »Ist ja gut! Sie regen sich aber auf. Ich wollte lediglich fragen, ob man das Croissant nicht etwas, na ja ... geometrischer gestalten könnte?«

Bäcker: »Geometrischer?! Wie geometrisch soll das denn noch werden? Es ist doch eine Eins-A-Parabel!«

Kundin: »Ja, ich habe mich schlecht ausgedrückt, aber Sie wissen doch, was ich meine.«

Bäcker: »Ihre Mutter hat sich schlecht ausgedrückt! Damals, als sie Sie gebar.«

Kundin: »Jetzt gehen Sie zu weit! Nur, weil ich etwas für gerade Backwaren übrig habe ...«

Bäcker: »Sie sind eine Faschistin!«

Kundin: »Jetzt reicht es mir! Sie sind ja übergeschnappt!«

Bäcker: »Kommen Sie runter. Ich mache nur Spaß.«

Kundin: »Das war ganz schön beleidigend!«

Bäcker: »Sie haben aber auch ganz schön ausgeteilt.«

Kundin: »Gegen Ihre Backwaren vielleicht. Aber Sie haben meine Mutter ins Spiel gebracht.«

Bäcker: »Meine Croissants sind auch meine Kinder. Also, ich würde sagen, wir sind quitt.«

Kundin: »Na gut. So sei es. Haben Sie denn nun die Möglichkeit, die Croissants gerade zu backen?«

Bäcker: »Warum sind Sie eigentlich so scharf drauf? So sind die doch immer geformt.«

Kundin: »Ja, aber ich will die mit zur Arbeit nehmen und meine Brotdose ist einfach nicht breit genug.«

Bäcker: »Wissen Sie was – ich habe eine brillante Idee.«

Kundin: »Ja, bitte?«

Bäcker: »Kaufen Sie sich eine breitere Brotdose.«

Kundin: »Sie sind genial! Darauf bin ich ja noch gar nicht gekommen.«

Bäcker: »Ernsthaft?«

Kundin: »Natürlich habe ich da schonmal dran gedacht. Was denken Sie denn?! Aber ich liebe diese Brotdose. Mein Vater hat sie mir vererbt. Gut. Dann kann man nichts machen.«

Bäcker: »Wie, das war es jetzt?«

Kundin: »Nein, ich habe eine andere Idee, was ich mit zur Arbeit nehme. Tschüss, ich gehe in den Supermarkt.«

Bäcker: »Warten Sie! Jetzt bin ich doch neugierig. Was wollen Sie denn mitnehmen?«

Kundin: »Bananen.«

Bäcker: »Verstehe mir einer diese Leute!«

Dit is Berlin

Kundin: »Haben Sie Berliner?«

Bäcker: »Na klar, sogar waschechte.«

Kundin: »Hä? Was meinen Sie damit?«

Bäcker: »Na, die kommen gerade erst aus dem Berghain – das Koks ist noch flächendeckend sichtbar.«

Kundin: »Ha! Sie Witzbold. Das ist doch Puderzucker!?«

Bäcker: »Das sagen die im Berghain auch immer.«

Kundin: »So ein Quatsch. Als Nächstes erzählen Sie mir noch, da wäre keine Marmelade drin, sondern irgendeine flüssige MDMA-Mische mit Lebensmittelfarbe oder so …«

Bäcker: »Nein, das ist Currysauce. Es ist Berlin!«

Kundin: »Aber Currysauce mit diesem süßen Berlinerteig – das schmeckt doch nicht!?«

Bäcker: »So ist das mit Berlin: Viele Sachen sind da geschmacklich nicht zu ertragen, aber mit Koks geht's.«

Er ist einfach der Meister der Afterhour.

Pyromanie

Kundin: »Haben Sie eine Empfehlung für mich?«

Bäcker: »Na klar. Machen Sie im Wohnzimmer kein Lagerfeuer!«

Kundin: »Was?«

Bäcker: »Das ist doch eine nützliche Empfehlung, oder nicht?«

Kundin: »Haha. Sehr witzig. Ich meine in Bezug auf Ihr Brot.«

Bäcker: »Ach so. Sagen Sie das doch gleich! Da empfehle ich das Malzbrot.«

Kundin: »Das dunkle?«

Bäcker: »Genau.«

Kundin: »Sieht aber ein bisschen verbrannt aus.«

Bäcker: »Ja, das stimmt. Es ist ein bisschen wie die AfD.«

Kundin: »Hä?«

Bäcker: »Na ja, viel zu braun.«

Kundin: »Oh ... hehehe. Der ist nicht schlecht. Wieso ist Ihnen das Brot denn verbrannt? Ich dachte, dass man dafür einfach ein Programm im Backofen hat.«

Bäcker: »Bei mir ist das alles Handarbeit. Ich backe jeden Laib einzeln über offenem Feuer.«

Kundin: »Aber hier ist doch nirgendwo eine offene Feuerstelle?!«

Bäcker: »Ich mache das über dem Lagerfeuer in meinem Wohnzimmer.«

Kundin: »Ja, klar.«

Bäcker: »Ist so.«

Kundin: »Aber Sie haben doch eben noch gesagt, das soll man nicht machen!«

Bäcker: »Genau, jetzt weiß ich das auch. Und ich sage Ihnen eines: Das verbrannte Brot ist dabei mein geringstes Problem.«

Kundin: »Jetzt kommen Sie! Das ist doch ein Witz?!«

Bäcker: »Sicher. Ist doch viel zu gefährlich. So, macht vier neunzig.«

Kundin: »Hui, ganz schön teuer.«

Bäcker: »Ja, 1 Euro ist Solidaritätszuschlag. Immerhin muss ich die erste Etage sanieren nach dem Brand.«

Kundin: »Sie mit Ihrem bescheuerten Lagerfeuer. Jetzt reicht es mir!«

Bäcker: »Ist ja gut. Ich habe einen Steinbackofen, sehen Sie.«

Kundin: »Okay. Dann zahle ich auch gerne einen Euro mehr. Das ist ja wirklich sehr schön urtümlich.«

Bäcker: »Finde ich toll, dass Sie das zu schätzen wissen.«

Kundin: »Klar. Ach, könnten Sie mir vielleicht zwei Anzünder mitgeben?«

Bäcker: »Ähm, natürlich. Wofür brauchen Sie die?«

Kundin: »Ich habe die Gasrechnung nicht gezahlt und wollte im Wohnzimmer ein Feuerchen machen.«

Bäcker: »Ich habe Ihnen doch explizit davon abgeraten!«

Kundin: »Und genau deshalb werde ich es tun.«

Bäcker: »Jetzt drehen Sie den Spieß aber um, oder?«

Kundin: »Natürlich. Man muss Ihnen Paroli bieten, wo man nur kann.«

Bäcker: »Irgendwie ringt mir das Respekt ab.«

»Produzierst du backend Asche,
taugt's nicht für die Backentasche.«

DER LIEBLINGSBÄCKER

Philosophie

Kundin: »Ich hätte gerne etwas Knuspriges.«

Bäcker: »Tüte Chips?«

Kundin: »Sie machen auch Chips?«

Bäcker: »Nein. Aber das war das Erste, das mir in den Sinn gekommen ist. Ich berate die Leute ja auch ganz gerne aus meinem Laden heraus.«

Kundin: »Manche Gedanken sollten Sie vielleicht lieber für sich behalten.«

Bäcker: »Das sehe ich anders. Die unmittelbare Wirklichkeit des Gedankens ist doch die Sprache.«

Kundin: »Wow! Das ist von Marx.«

Bäcker: »Stimmt. Haben Sie ihn gelesen?«

Kundin: »Natürlich. Ich bin Professorin für Philosophie.«

Bäcker: »Kein Wunder, dass Sie etwas Knuspriges brauchen. Ihr Fach ist ja eher schwammig.«

Kundin: »Ha! Na, Sie haben Nerven. Philosophie ist die knackigste Disziplin überhaupt!«

Bäcker: »Wieso zerbröseln Sie sich dann nicht einen Hegel?«

Kundin: »Nun ja, Papier ist doch eher weich.«

Bäcker: »Womit wir, wenn wir schonmal bei Hegel sind, zu der Synthese kommen, dass Philosophie nicht knackig sein kann.«

Kundin: »Jetzt bin ich baff! Das ist aus der Idee einer philosophischen Dialektik heraus absolut State of the Art. Sie sind ja voll auf der Höhe!«

Bäcker: »Aber ja. Als Bäcker ist man ja auch ein bisschen Ratgeber für verzweifelte Seelen.«

Kundin: »Und welchen Rat würden Sie mir geben?«

Bäcker: »Gehen Sie zu Rewe und kaufen Sie sich dort eine Tüte Chips.«

Kundin: »Und was mache ich, wenn ich etwas möchte, das außen knusprig ist und innen weich?«

Bäcker: »Dann lesen Sie Nietzsche!«

Er ist und bleibt der letzte Hochgelehrte.

Der teigige Sankt Martin

Kundin: »Haben Sie auch was Sankt-Martin-Spezifisches?«

Bäcker: »Na klar. Hier hinten in der Backstube wartet eine Armee Heiliger auf Pferden, die am Fließband ihre Mäntel teilen und die Leute damit beschmeißen.«

Kundin: »Ich meine aus Schokolade oder so?«

Bäcker: »Nein. Die sind aus Fleisch und Brot.«

Kundin: »Hä? Sie meinen aus Blut?«

Bäcker: »Nein, die sind halb und halb. Halb Rinderhack und halb Teig.«

Kundin: »Sie haben eine Macke! Wie sollen die dann Mäntel teilen?«

Bäcker: »Das ist eine aufwendige Konstruktion mit eingebauter KI. Immer wenn sie Leute sehen mit Jahreseinkommen unter 30 000 Euro, beschmeißen sie die mit halben Mänteln.«

Kundin: »Das ist ja pervers! Die armen Leute.«

Bäcker: »Ja, eben. Diese armen Schlucker brauchen Unterstützung.«

Kundin: »Nein, was ich meine ist, dass die arm sind, weil sie doch mit 30 000 Euro noch nicht bedürftig sind und durch die Sankt Martins herabgewürdigt werden. Das sind ja keine Bettler.«

Bäcker: »Dann fragen Sie mal in München rum!«

Kundin: »Hä?«

Bäcker: »Na da besitzen doch die Bettler meistens Zweitwohnsitze.«

Kundin: »Sie wollen mich doch hier veräppeln. Das gibt es doch nicht!«

Bäcker: »Klar, ich mache Spaß. München ist auch nicht mehr das, was es mal war.«

Kundin: »Sie können einen echt in den Wahnsinn treiben.«

Bäcker: »Tja, einer muss es ja machen. So, was nehmen Sie denn?«

Kundin: »Ich glaube, dann entscheide ich mich für eine Apfeltasche.«

Bäcker: »Gute Wahl. Warten Sie kurz.«

(Er holt ein Schwert aus der Backstube und teilt die Apfeltasche.)

Bäcker: »Hier.«

Kundin: »Was soll das?«

Bäcker: »Es ist eine Reminiszenz.«

Kundin: »Und warum bekomme ich dann beide Hälften?«

Bäcker: »Geben Sie die eine dem Bettler vor der Tür, der ist aus München und kann es brauchen.«

Im Herzen ist er eben doch gut. Und ja, er hat natürlich auch Weckmänner im Angebot.

Präventiver Boykott

Wir erinnern uns an die Fußball-Weltmeisterschaft in Katar. Ein Ort, der scheinbar danach schrie, endlich auch mal eine WM austragen zu können: Das Klima perfekt, das Land eine seit Jahrhunderten erfolgreiche Fußballnation und Stadien hatten die da ja ohnehin schon in ausreichender Größe stehen. Jedenfalls kam natürlich auch unser Lieblingsbäcker in jenem verheißungsvollen Winter (!) 2022 kurz vor dem Start des Turniers um eine Konfrontation mit diesem Großereignis nicht herum. Wie sich dies darstellte? Lesen Sie selbst!

Kunde: »Und, sind Sie auch im WM-Fieber?«

Bäcker: »Na klar, sehen Sie nicht die ganzen Wimpel überall im Gebäck?«

Kunde: »Ähm, nein ... Welche Wimpel sollen das denn sein?«

Bäcker: »Von Italien.«

Kunde: »Aber Italien ist gar nicht dabei.«

Bäcker: »Genau. Deshalb auch keine Wimpel.«

Kunde: »Sie Witzbold! Aber wie können Sie denn da für Italien sein?«

Bäcker: »Ich halte es für die präventivste Art des Boykotts, sich gar nicht erst zu qualifizieren. Davor ziehe ich den Hut. Dann braucht man sich auch keine Gedanken über Armbinden zu machen und sich damit zu blamieren, sie dann bei einem Gegenwindchen doch nicht anzuziehen. Darauf einen leckeren Cappuccino.«

Weihnachten

Kunde: »Ein Weihnachtsbrot, bitte!«

Bäcker: »Hä, was soll das sein?«

Kunde: »Na, es haben doch alle irgendeine Spezialität zu Weihnachten ...«

Bäcker: »Kenne ich nicht ... Weihnachten?«

Kunde: »Ha, Sie Witzbold! Kennt Weihnachten nicht, sagt er.«

Bäcker: »Was soll ich machen, hab einfach keine Ahnung. Hat da irgendein Promi Geburtstag?«

Kunde: »Das kann man wohl sagen! Jesus, unser Erlöser, der Sohn Gottes!«

Bäcker: »Gottes ... Ich steh auf dem Schlauch. Ist das der Schlagersänger?«

Kunde: »Nein. Sie kennen doch Gott!? Hier, sechs Tage Arbeit und dann einen Tag Ruhe und so ...«

Bäcker: »Ich hab sonntags auf!«

Kunde: »Das gibt es doch nicht! Der hat alles gemacht hier, der Erschaffer ... Adam und Eva ... Die kennen Sie doch!?«

Bäcker: »Sie meinen den Schweinskram auf RTLZWEI?«

Kunde: »Ich drehe durch! Geben Sie mir einfach irgendwas Süßes.«

Bäcker: »Christstollen?«

Er ist unerbittlich.

Beliebige Bestellungen III

Kundin: »Guten Morgen. Ich habe Hunger.«

Bäcker: »Boah, mit dieser Art der Emotionen kann ich nicht viel anfangen. Ich bin da eher gefühlskalt.«

Kundin: »Hä? Hunger ist doch keine Emotion?«

Bäcker: »Sehen Sie, da fängt es schon an.«

Kundin: »Was ist das denn hier für ein Laden? Ich brauche was zu essen. Das werden Sie doch wohl verstehen?!«

Bäcker: »Tut mir echt leid. Die Leute, die bei mir einkaufen, zeigen einfach immer auf das, was sie haben wollen.«

Kundin: »Aber Sie backen doch die Brote und Brötchen hier, oder nicht?«

Bäcker: »Ja.«

Kundin: »Das tun Sie doch zum Zwecke der Nahrungsaufnahme?«

Bäcker: »Ich habe beim besten Willen keine Ahnung, was die Leute mit den Sachen anstellen, die sie hier kaufen. Das entzieht sich meiner Verantwortung.«

Kundin: »Sie sind total bescheuert.«

Bäcker: »Ich bin vor allem gefühlskalt!«

Kundin: »Ach ja. Sie können ja mit Emotionen nichts anfangen. Ich bin gerade wütend! Verstehen Sie?«

Bäcker: »Ist das der Smiley mit den nach unten gebogenen Mundwinkeln?«

Kundin: »Ja, genau. Und die Augen sind so böse zusammengekniffen.«

Bäcker: »Was heißt ›böse‹?«

Kundin: »Sie wollen mich doch verarschen!?«

Bäcker: »Natürlich, ich mache nur Spaß. Also, was wollen Sie essen?«

Kundin: »Das gibt's doch nicht. Eine absolute Frechheit ist das! Sie geben sich hier als Autist aus!«

Bäcker: »Und Sie beschimpfen Autisten als ›bescheuert‹.«

Kundin: »Ähm, ich ... Also ... Ja, Entschuldigung.«

Bäcker: »Ist schon gut. Sie haben es sicherlich nicht so diskriminierend gemeint.«

Kundin: »Natürlich nicht. Warum haben Sie mich eigentlich so veräppelt?«

Bäcker: »Ich kann unspezifische Informationen nicht ab.«

Kundin: »Und ich hatte erwartet, dass Sie mir etwas vorschlagen.«

Bäcker: »Habe ich doch. Ich schlug Ihnen implizit vor, sich mal mit Emotionen auseinanderzusetzen. Und das ist doch gelungen, oder nicht?«

Kundin: »Ja. Aber ich habe immer noch Hunger.«

Bäcker: »Dann nehmen Sie doch ein Stück Pflaumenkuchen.«

Kundin: »Warum gerade den?«

Bäcker: »Danach ist der Hunger weg.«

Kundin: »Aber der wäre doch auch nach jeder anderen beliebigen Speise weg.«

Bäcker: »Genau. Allerdings müssen wir hier langsam weiterkommen.«

Kundin: »Warum?«

Bäcker: »Der Dialog zieht sich.«

Kundin: »Das kann Ihnen doch egal sein.«

Bäcker: »Nein, ich habe einen Ruf zu verlieren. Das hier wird von Leuten gelesen. Und es kam jetzt lange kein Gag mehr!«

Kundin: »Ja, dann lassen Sie sich doch was einfallen.«

Bäcker: »Nein, das Thema ist auserzählt.«

Kundin: »Dann mache ich einen.«

Bäcker: »Ähm ... okay.«

Kundin: »Kommen ein Inder, ein Deutscher und ein ...«

Bäcker: »Das kann nur schlecht enden. Jetzt werden Sie nach dem Verunglimpfen von Autisten nicht auch noch rassistisch!«

Kundin: »Nichts darf man mehr sagen.«

Bäcker: »Doch. WAS SIE ESSEN WOLLEN!«

Kundin: »Ist ja gut. Aber ich würd...«

Der Autor hat den Dialog aufgrund mangelnden Unterhaltungswertes an dieser Stelle leider abgebrochen. Ich entschuldige mich im Namen aller Beteiligten für die entstandene Langatmigkeit. Falls Sie noch wissen möchten, was die Kundin schließlich gekauft hat: eine Apfelschorle. Gut, dass dieses Debakel jetzt ein Ende hat.

Ein Herz für Tiere

Kundin: »Sie haben doch bestimmt ein Herz für Tiere?«

Bäcker: »Ich habe höchstens Herzen von Tieren.«

Kundin: »Äh, wie meinen?«

Bäcker: »Na, in der Backstube hinten. Ich betreibe nebenbei eine kleine Schlachterei. Zum Zeitvertreib.«

Kundin: »Das ist ja die Höhe! Ich werde Sie anzeigen.«

Bäcker: »Warum? Es sind doch bloß Pferde.«

Kundin: »Haben Sie einen Knall?! Pferde sind die schönsten Tiere!«

Bäcker: »Bei mir entscheidet nicht das Äußere. Die inneren Werte zählen ... Also, zum Beispiel wie schwer das Herz ist. Ich verbacke Innereien.«

Kundin: »Das ist ja nicht zu glauben. Wahnsinn ist das!«

Bäcker: »Warum regen Sie sich denn so auf? Ich tue hier einen Dienst an der Gemeinschaft. Pferde sind doch eine Plage. Sagt man nicht auch, Pferde seien Ratten auf Hufen?«

Kundin: »Das sagt niemand! Ich bin vom WWF, Tierschutz wird bei mir großgeschrieben!«

Bäcker: »Das will ich schwer hoffen, es ist ja auch ein Substantiv.«

Kundin: »Was?«

Bäcker: »Vergessen Sie's!«

Kundin: »Sie verarschen mich, oder?«

Bäcker: »Selbstverständlich. Pferde sind doch viel zu groß für die kleine Backstube.«

Kundin: »Uff, na Gott sei Dank.«

Bäcker: »Ja, genau. Gott sei Dank gibt es auch kleinere Spezies. Zum Beispiel Nager. Ich schlachte hier ausschließlich Nager. Das war der Witz.«

Kundin: »Das ist aber überhaupt nicht witzig! Ich gehe jetzt zur Polizei!«

Bäcker: »Na, die werden lachen! Ein Bäcker, der Nager in seiner Backstube schlachtet. Klingt ziemlich unglaubwürdig, oder?«

Kundin: »Heißt das, Sie haben mich schon wieder verarscht?«

Bäcker: »Nein, ich wollte damit nur sagen: Es ist die perfekte Tarnung. Sie werden sich bei der Polizei lächerlich machen. Und ich kann hier weiter in Ruhe Biberschwänze verbacken.«

Kundin: »Ich werde wahnsinnig. Das ist ja total geschmacklos.«

Bäcker: »Bitte beruhigen Sie sich, ich mache doch nur Spaß. Ich verbacke ausschließlich Pflanzen. Keine Sorge.«

Kundin: »Das ist wirklich zu viel für mich! Ich brauche jetzt etwas mit Zucker.«

Bäcker: »Kann ich Ihnen ein Schweineöhrchen anbieten?«

Kundin: »Warum habe ich das Gefühl, dass Sie nicht das Gebäck meinen?«

Bäcker: »Das weiß ich beim besten Willen nicht.«

»Hilft bei Pest und gegen Frettchen –
Lieblingsbäckers Hefeweckchen.«

DER LIEBLINGSBÄCKER

Grober Unfug

Kunde: »Ich hätte gerne ein feines Röggelchen.«

Bäcker: »Hä? Feines Röggelchen? Was soll das sein?«

Kunde: »Na, bei Kamps heißt das so.«

Bäcker: »Und das macht dann einen Knicks, wenn ich reinbeiße? Oder trägt einen Frack?«

Kunde: »Seien Sie nicht albern. Es ist einfach aus unheimlich fein gemahlenem Mehl.«

Bäcker: »Soso. Bei mir ist alles grob. Ich habe hier hinten einen Sumoringer, der wälzt sich einmal über die Ähren, dann ist das Mehl fertig.«

Kunde: »So ein Quatsch, das glaube ich Ihnen nicht.«

Bäcker: »Aber sicher! Und der Schweiß des Ringers hält das ganze zusammen.«

Kunde: »Das ist ja eklig!«

Bäcker: »Deswegen sollten Sie immer morgens kommen, wenn Sie bei mir was kaufen. Da ist der noch recht frisch.«

Kunde: »Sie haben doch eine Vollmeise. Ich gehe jetzt zu Kamps.«

Bäcker: »Warten Sie, ich mache doch nur Spaß. Hier haben Sie ein leckeres Roggenbrötchen.«

Kunde: »Aber ist das auch fein?«

Bäcker *(beugt sich zum Roggenbrötchen in seiner Hand)*: »Bist du fein? Ja, bist du ein Feiner? Ja, fein bist du, fein.«

Kunde: »Hören Sie auf, mich zu veräppeln!«

Bäcker: »Es ist fein.«

Kunde: »Woher soll ich das jetzt wissen?«

Bäcker: »Ich habe es doch gefragt.«

Kunde: »Das lasse ich mir nicht länger bieten. Hier wird man ja bekloppt. Das ist grober Unfug!«

Bäcker: »Das möchte ich in aller Deutlichkeit verneinen. Meine Brötchen mögen grob sein, aber der Unfug, der ist fein. Und jetzt ab zu Kamps!«

Epilog

An einer x-beliebigen Bahnhofsbäckerei in Mainz

Ich: »Hi, ich hätte gerne ein Käsebrötchen.«

Verkäufer: »Hier, macht 70 Euro.«

Ich: »Das gibt's doch nicht! Haben Sie einen Bruder, der eine Bäckerei in Köln betreibt?«

Verkäufer: »Nein. Aber ich betreibe ja auch keine Bäckerei. Ich verkaufe hier lediglich diesen Ramsch.«

Ich: »Das glaube ich ja nicht – genau das würde mein Lieblingsbäcker auch sagen.«

Verkäufer: »Na, dann ist er offensichtlich genauso gut drauf wie ich. Also, zahlen Sie jetzt oder muss ich Ihnen erst eine mit dem Baguette verpassen?«

Ich: »Sie sind einfach ER! Oder wollen Sie mich veräppeln?«

Verkäufer: »Wenn ich Sie veräppeln wollen würde, wäre ich wahrscheinlich Comedian oder hätte irgendeinen anderen brotlosen Clownsberuf.«

Ich: »Haha, ›brotlos‹ meint er … «

Verkäufer: »Kommen Sie, der lag ja jetzt nun wirklich auf der Hand.«

Ich: »Sie sollten eine Bäckerei aufmachen. Ich könnte Sie meinem Lieblingsbäcker vorstellen, der bildet auch aus.«

Verkäufer: »Nee, lassen Sie mal. Ich studiere Social-Media-Marketing.«

Ich: »Aber woher haben Sie diese Sprüche? Diese Ähnlichkeit ist wirklich verblüffend.«

Verkäufer: »Das ist ganz einfach: Ich kenne Sie von Instagram.«

Ich: »Ha! Das ist nicht schlecht. Jetzt haben Sie mich voll drangekriegt!«

Verkäufer: »Danke, das freut mich.«

Ich: »Oh Mann, das ist nicht übel. So, was kriegen Sie denn jetzt?«

Verkäufer: »70 Euro.«

Ich: »Haha, natürlich … «

Verkäufer: »Ja, klar! Sehen Sie die Schlange hinter sich? Die haben alle zugehört und wissen jetzt, dass Sie irgendwas auf Instagram machen. Das ist Werbung. Die kostet.«

Ich:	»Touché. Oder wir machen es so, dass Sie in meinem nächsten Buch vorkommen.«
Verkäufer:	»Deal. Ich heiße übrigens Steffen. Erwähnen Sie das!«
Ich:	»Mache ich.«
Verkäufer:	»Alles klar. Dann macht das fünf achtzig.«
Ich:	»Ich dachte, dass die Veräppelung jetzt zu Ende wäre.«
Verkäufer:	»Ist kein Quatsch. Das ist der Preis! Stichwort: Bahnhofsbäckerei.«
Ich:	»Dann wohl doch lieber später in Köln zum Lieblingsbäcker.«
Verkäufer:	»Das ist mal absolut sicher.«

Er bleibt einfach einzigartig und der Beste.

Mehr Brot für die Welt

Liebe Leser*innen,

Sie haben dieses Buch nun zu Ende gelesen und ich kann mir nicht helfen: Ich würde mir einen Sonnenblumenkern aus dem Kornknacker freuen, wenn Ihnen das Werk gefallen hat.

Es ist dabei ja auch so, dass Sie bei der Sichtung des Preises dieses Literaturgutes bereitwillig Ihre Brieftaschen geöffnet haben, in der Hoffnung, es möge der entsprechende Betrag entschwinden, um des Buches auf diese ach-so-gewohnte Weise habhaft zu werden. Diese Handlung verdient, das sei hier aber mal so **dermaßen fettgedruckt**, ein großes und von Herzen kommendes Dankeschön. Verdammt, jetzt ist nur das »dermaßen fettgedruckt« fettgedruckt und nicht das Dankeschön. Das war anders gedacht.

»HEY, LIEBER VERLAG! KÖNNEN WIR DAS NICHT NOCH ÄNDERN?«

Verlag: »Nein, wir sind leider schon im Druck.«

So ein Ärger. Sei's drum. Sie werden es verschmerzen. Worauf ich allerdings hinauswill, ist, dass Sie möglicherweise davon ausgehen, der üppige Gewinn aus diesen Druckerzeugnissen würde einzig und allein der Beschaffung kostspieliger Sportwagen oder malerisch gelegener toskanischer Villen dienen.

Und genau an dieser Stelle soll eine gewisse Aufklärungsarbeit geleistet werden.

Sollten Sie, was ich natürlich immens zu schätzen wüsste, schon den ersten Teil dieser kleinen Reihe gelesen haben, wüssten Sie nämlich, dass der Lieblingsbäcker nicht nur ein Herz für seine Backkunst, sondern vor allem auch für diejenigen Menschen hat, denen dieselbe aufgrund mangelnder finanzieller Ressourcen nicht zuteilwerden kann. Diesem absolut verurteilungswürdigen Umstand versuchen wir mit dieser Reihe zumindest ein wenig entgegenzuwirken. Denn nicht nur der Lieblingsbäcker, sondern auch ich als Autor der Bücher finde, niemand sollte hungern müssen.

Deshalb wird, wie schon beim ersten Band, auch ein Teil des Erlöses aus diesem zweiten Lieblingsbäcker-Buch, an die wunderbare Organisation »Brot für die Welt« gespendet. Und somit sind Sie, liebe Leser*innen, durch den Kauf dieses Exemplars selbst zu einer Art Lieblingsbäcker geworden. Zumindest ein kleines bisschen.

Denn sind wir ehrlich: Es kann natürlich nur einen echten geben. Da sind wir uns ja wohl immer noch einig.

Trotzdem: Vielen herzlichen Dank!

Hochachtungsvoll,

Quichotte

Bei Lektora erschienen

Quichotte

»Beim Lieblingsbäcker«

Geht Ihnen die geheuchelte Freundlichkeit an den Ladentheken des hiesigen Lebensmitteleinzelhandels auch mitunter mächtig auf die Nerven? Und wünschen Sie sich nicht manchmal jemanden, der in solch gekünstelten Situationen verbal dazwischengrätscht? Dann ist das hier genau Ihr Buch.

Der Lieblingsbäcker ist quasi ein Spezialist, wenn es um das Foppen seiner Kundschaft geht. Dieser liebenswürdig-mürrische Zeitgenosse, dem man durchaus eine antikapitalistische Einstellung und den Hang zur sarkastischen Misanthropie nachsagen kann, macht keinen Unterschied in Sachen sozialer Herkunft oder Bildungsgrad. An seiner Ladentheke wird jede*r gleichermaßen verhohnepiepelt. Im Verkaufsgespräch läuft er zur Hochform auf und zeigt sich im Dialog von seiner unterhaltsamsten Seite. Deshalb war es an der Zeit, die verbalen Sternstunden endlich in Buchform zu fassen.

Genießen Sie das Resultat mit Ironischer Vorsicht und eventuell einem ehrlichen Filterkaffee, denn das ist in Sachen Heißgetränken die einzige in der Lieblingsbäckerei erhältliche Variante.

ISBN: 978-3-95461-193-5
14,80 Euro (D)
15,30 Euro (A)

www.lektora.de